LIDERAZGO PARA LAS NUEVAS GERENTAS

21 ESTRATEGIAS PODEROSAS DE COACHING DE EQUIPOS DE ALTO RENDIMIENTO, PARA GANAR SU RESPETO E INFLUENCIARLOS POSITIVAMENTE

KARINA G. SANCHEZ

Virago

PUBLISHING

Publicado por Virago Publishing - www.CorporateToFreelancer.com

Virago

PUBLISHING

DEDICACIÓN

———

A mis dos líderes, Valentina y Andre, quienes son mi dosis diaria de inspiración y un recordatorio del tipo de líder que aspiro a ser.

———

"Nunca se es demasiado joven para cambiar el mundo"

UN REGALO ESPECIAL PARA TI

SPECIAL BONUS!

Want this cheatsheet for FREE?

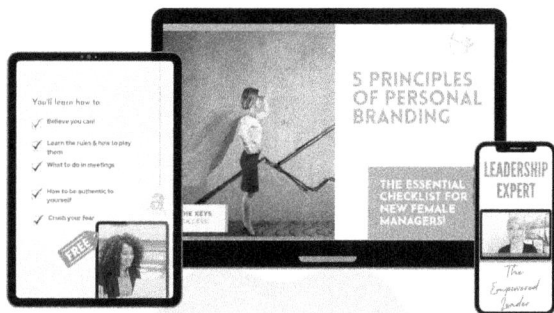

Get FREE unlimited access to it and all of my books by joining our community!

Scan with your camera to join!

En la Ficha Técnica de las 5 Reglas de Oro para tu Marca Personal, encontrarás:

- Las reglas de oro fáciles de seguir que te ayudarán a diseñar tu marca desde cero.

- Mis propias historias personales que he desarrollado durante 20 años a partir de un montón de errores, tiempo y sacrificio.

- Acciones rápidas que puedes realizar ahora mismo para empezar.

- Un acceso rápido a nuestra comunidad de increíbles mujeres líderes para ayudarte a formar tu tribu.

INTRODUCCIÓN

"No necesitamos un título para liderar. Necesitamos involucrarnos. La gente prefiere seguir a un líder con corazón que a un líder con título."

~ Craig Groeschel

Como sugiere Groeschel en su cita, los títulos no hacen líderes. Preferimos seguir a aquellos que realmente se preocupan por las personas. Hasta cierto punto, un título conlleva cierta autoridad. Eso no significa que los demás te seguirán al instante, y desde luego, no te convierte en un buen líder. Esto es algo de lo que tienes que responsabilizarte personalmente, y significa dedicar tiempo a aprender el oficio del liderazgo. Es un viaje por el que vale la pena comprometerse.

Los títulos dan pistas sobre nuestro estatus en el mundo, pero no proporcionan realmente información clave sobre nuestra persona o experiencia. A una mujer soltera se le suele llamar "señorita", pero a una casada, se le llama "señora". *¿Qué nos dicen realmente esos títulos sobre una mujer?*

En definitiva, no nos dicen nada... Existe la posibilidad de que alguien que tenga el título de señora ya no esté casada, pero haya decidido mantener el título y el apellido.

Desde luego, los títulos no nos dicen si es una buena madre, una gran trabajadora o una gran líder. El título de señora simplemente indica que una persona está -o estuvo- casada. Incluso el título de Doctor indica simplemente que se ha alcanzado un nivel médico o educativo, pero por sí solo no nos dice nada sobre la naturaleza o la experiencia de una persona.

Por eso la cita de Groeschel es tan acertada: cualquiera puede ser etiquetado como líder, pero un título por sí solo no indica nada. ¡Sólo TÚ puedes decidir qué tipo de líder vas a ser!

Para ser un gran líder, tienes que querer serlo. Tienes que involucrarte. Si le pones corazón y pasión -y te involucras realmente- la gente te respetará y te seguirá. Aunque muchos líderes quieren llegar a ser grandes, es fácil perder de vista cómo podemos convertirnos en ese gran líder que queremos llegar a ser. A menudo, esto se debe a que ser un líder, conlleva responsabilidades y tensiones a las que nunca te habrás enfrentado antes, especialmente si eres un líder con una carrera emergente.

Así que, pregúntate ahora, *¿tienes el corazón para convertirte en un gran líder? ¿Te involucras lo suficiente?*

Son muchos los beneficios de ser un gran líder.

Algunos de los equipos más prestigiosos y de mayor rendimiento del mundo afirman que su rendimiento se debe a la existencia de líderes inspiradores y solidarios. A lo largo de este libro exploraremos esto con más detalle. Al ser un líder joven, también puedes aportar mucho más, pero los líderes jóvenes también se deben enfrentar a varios desafíos particulares. A menudo son retos para los que los nuevos gerentes no están preparados, aunque no sea culpa suya.

Muchos no quieren otra cosa que convertirse en grandes líderes... sólo que no saben qué camino deben tomar. Aunque tienen muchas habilidades técnicas, algunos de los problemas más comunes con los que se encuentran los líderes jóvenes, implican el no tener mucha experiencia laboral y/o habilidades sociales. Esto puede hacer que muchas situaciones "reales" en el lugar de trabajo sean abrumadoras, y esta es exactamente la razón por la que es importante ser un líder que se involucre.

Mientras creaba este libro, hablé con algunos jóvenes líderes inspiradores sobre los desafíos a los que se enfrentaron cuando comenzaron su viaje de liderazgo. Estos desafíos clave surgieron a partir de:

- Gestionar el cambio en el lugar de trabajo
- Carecer de habilidades interpersonales y de experiencia laboral
- Habilidades de comunicación insuficientes cuando se trata de comunicar proyectos, entregar mensajes y dar feedback a los miembros del personal.

- Incapacidad para identificar efectivamente áreas de desarrollo para ellos y su equipo.
- Resolver conflictos y manejar las tensiones
- Identificar oportunidades de crecimiento y promoción para ellos mismos y para los demás dentro de su equipo
- Desarrollar habilidades de presentación y mejorar como resultado de su experiencia.
- Conocer a su equipo y ser capaz de leer su lenguaje corporal y señales faciales para evitar malentendidos.
- Desarrollar su inteligencia emocional para afrontar situaciones difíciles de manera profesional.
- Mejorar la gestión del tiempo y las habilidades de organización.
- Ser capaces de priorizar problemas de manera efectiva mediante el uso de sus habilidades de evaluación, en función de las necesidades y objetivos comerciales.
- Comprender las fortalezas y áreas de desarrollo dentro del equipo para asignar el trabajo en consecuencia.
- Generar confianza y ser accesible para los miembros del equipo.
- Centrarse en el equipo y ser conscientes de lo que sucede en el entorno.
- Desarrollar la autoconciencia de su propio liderazgo.

Si quieres convertirte en un gran líder, sin dudas,

hay mucho trabajo por hacer. Aunque la lista anterior de cuestiones clave pueda parecerte abrumadora, todas ellas son retos comunes a los que se enfrentan muchos líderes principiantes. Como nota positiva, todas estas son áreas en las que puedes trabajar y solucionar fácilmente aplicando las estrategias de este libro. Tú ya posees las habilidades técnicas, pero este libro te ayudará a brillar como persona y a establecerte en ese rol único e inspirador de liderazgo que aspiras a ocupar o al que has sido promovida. Por eso este libro se centra en ayudarte a convertirte en la líder que TÚ quieres ser... no en la líder que crees que los demás quieren que seas. No te equivoques, hay mucho que aprender si quieres convertirte en una líder inspiradora. Pero merece la pena lograr un papel tan gratificante.

Si estás preparada para desarrollar habilidades de liderazgo increíbles, dominar tus habilidades de coaching y generar confianza —todo ello mientras desarrollas equipos de alto rendimiento— sigue leyendo. ¡Te apoyaré en este camino! Durante demasiado tiempo he observado cómo los líderes primerizos se enfrentaban a sus retos en solitario. Puedo ayudarte a comprometerte con tu rol de liderazgo, a aprovechar las oportunidades que se te presenten y a superar todos los cambios que se crucen en tu camino. ¡No estás sola, yo estoy aquí para ayudarte a dar un paso hacia tu grandeza!

Este libro está dividido en cuatro secciones clave para ayudarte a crecer en tu rol de liderazgo y llegar a ser grandiosa en él. En primer lugar, te centrarás en desarrollarte y liderarte a ti misma. Luego, en la sección

II, considerarás cómo utilizar tus habilidades, instintos y capacidades para inspirar y liderar a otros. En la sección III, profundizarás en el liderazgo de equipos y en cómo utilizar tus habilidades para motivar a tu equipo, compartir tu visión e impulsar a tu equipo hacia el éxito. Por último, la sección IV, te proporcionará herramientas adicionales para que puedas seguir creciendo y desarrollándote. ¡Recuerda que un gran líder reconoce que siempre hay algo por aprender y desarrollar! Al final de este libro, ¡tendrás todas las herramientas que necesitas para destacarte!

Pero principalmente, ¡aprenderás a ser la mejor versión de ti misma!

Probablemente te preguntes quién soy y qué me califica para escribir este libro. Bueno, déjame presentarme. Mi nombre es Karina. He trabajado con jóvenes líderes como tú durante los últimos veinte años. He dedicado mi vida a ayudar a otros a tener éxito. No me basta con trabajar para organizaciones. Quiero trabajar con líderes individuales, sobre todo con los que recién comienzan, que tienen todas las habilidades técnicas que necesitan, pero que aún no tienen la "experiencia con la gente", que es tan crucial para su éxito. He visto a muchas mentes brillantes esforzarse trabajosamente en sus puestos por este motivo. Intentar navegar por las incógnitas del liderazgo —como encontrar mejores formas de comunicarse con equipos heterogéneos, generar influencia en los diferentes niveles, y fomentar la confianza. ¡Esto es mucho más difícil sin saber exactamente cómo y por dónde empezar! He pasado mi carrera, como coach y formadora, ayudando a los líderes a encontrar el verdadero éxito y la realización.

Tuve la suerte de haber vivido en siete países diferentes en los que he tenido y gestionado negocios de capacitación, coaching y tutoría. Soy oradora principal y capacitadora empresarial, y ofrezco sesiones de formación en liderazgo en cuatro idiomas. He sido consultora en las industrias tecnológica, farmacéutica, minorista y financiera (por nombrar algunas) y en los últimos 15 años he impartido cientos de talleres presenciales y virtuales en todo el mundo.

Soy conocida por mi energía y mi pasión, y consigo el cambio inspirando y motivando a equipos pequeños y grandes. Tengo una capacidad extraordinaria de abrir las mentes a nuevas posibilidades, de fomentar formas de pensar innovadoras y de ayudar a los individuos y a las empresas a gestionar su mejor recurso: el recurso humano. Mi trabajo aún no ha terminado, ya que sigo capacitando y asesorando a cientos de nuevos gerentes para que sobresalgan en sus funciones de liderazgo y tengan éxito dentro de sus organizaciones. Sin lugar a dudas, mi trabajo impactará en tu forma de liderar. Mi pasión más profunda es ayudarte a convertirte en una líder impulsada por objetivos, con visión de futuro y orientada a la acción. Conmigo a tu lado, ¡el fracaso no es una opción!

Mi objetivo es impactar e inspirar a más líderes que nunca, compartiendo mis conocimientos, experiencia y pericia para ayudar a establecer la próxima generación de líderes increíblemente inspiradores y exitosos.

Pero este libro no trata de mí, sino de ti. Se trata de que te conviertas en la líder que aspiras a ser. Es hora de tomar tu motivación, tus instintos y tu determinación y utilizarlos para construir tu propio imperio. Los grandes líderes atraen a una gran fuerza de trabajo y a miembros de equipo de alto rendimiento. El poder de ser una gran líder está dentro de ti. En palabras de Brian Tracy:

"Conviértete en el tipo de líder que la gente seguiría voluntariamente; aunque no tengas título o posición".
~ Brian Tracy

Ahora es momento de pasar al capítulo 1. Vamos a empezar tu viaje hacia un liderazgo destacado hablando de cómo liderarte a ti misma primero. Esto es importante, porque debes ser capaz de liderarte a ti misma antes de poder liderar a otros. Por lo tanto, es el primer paso si quieres destacarte como líder. Este libro cambiará tu forma de ver el liderazgo y te hará cuestionar y desafiar tu propio estilo y habilidades. Te dará la fuerza, la confianza y el poder que necesitas para triunfar en tu puesto y más allá.

Para dar el siguiente paso en tu viaje, simplemente pasa a la página siguiente. Tu destino está ahora en tus propias manos. *¿Estás preparada?*

SECCIÓN I – LIDÉRATE A TI MISMA

Como he mencionado, un gran líder debe ser capaz de liderarse a sí mismo. También debe ser capaz de reconocer cómo puede mejorar y desarrollarse. Un gran líder enseña a los demás a desarrollarse. Son visionarios que preparan a los demás para el futuro, y a menudo, ayudan a otros a trazar su camino. Pero para ello, primero tienen que trazar su propio camino.

Esta sección pretende hacer dos cosas. Prepararte para convertirte en una gran líder, e inspirarte para liderar con éxito a otros. Te estimulará a profundizar y descubrir lo que realmente quieres. Te ayudará a descubrir cómo puedes ser la mejor versión de ti misma, a aclarar los aspectos que debes superar para conseguirlo, y te animará a crecer y desarrollar tus habilidades de gestión.

Este es el primer paso para inspirar a otros a ser la mejor versión de sí mismos. ¡Es hora de convertirte en una gran líder que dará a luz a la siguiente generación de grandes líderes!

CAPÍTULO 1
EL ANÁLISIS FODA DEL GERENTE

U N GRAN LÍDER SABE CÓMO INSPIRAR Y MOTIVAR a su equipo. Si quieres dirigir un equipo con eficacia, tienes que entenderte a ti misma a un nivel más profundo y considerar el tipo de gerenta que eres (o que aspiras a ser). Esto significa que tienes que profundizar y establecer cuáles son tus:

- Puntos fuertes
- Puntos débiles
- Puntos ciegos
- Principales pasiones
- Competencias

Una vez que identifiques estas cualidades en ti misma, será más fácil reconocerlas en los demás. Ser capaz de hacer esto significa que puedes ayudar a los demás a crecer y alcanzar todo su potencial, que es de lo que se trata ser una gran líder.

No siempre es fácil evaluarnos a nosotras mismas, pero una vez que aprendemos esta habilidad, descubrimos que volvemos a ella una y otra vez.

La pregunta es, *¿cómo puedes descubrir estas cualidades sobre ti misma?*

¿POR QUÉ UN ANÁLISIS FODA?

Comprenderte mejor a ti misma es una necesidad, y la forma más eficaz de hacerlo, es utilizar el análisis FODA. Puede que ya hayas oído hablar de él, pero por si acaso no lo has hecho, el análisis FODA es un marco de trabajo fácil de usar que te permite medir tu rendimiento actual y trazar un mapa de tus ambiciones y de tu potencial futuro. Te pide que analices cuatro áreas clave:

Fortalezas
Oportunidades
Debilidades
Amenazas

Aclaremos más estas áreas...
Fortalezas, son las cosas en las que ya eres buena. Son tus mejores atributos. Por **debilidades**, nos referimos a revisar las áreas en las que necesitas mejorar o desarrollar. A veces en la vida se nos presentan **oportunidades**, pero puede que no las aprovechemos al máximo. Por eso, revisar cuáles son, y qué posibilidades nos ofrece, nos impulsa a estar preparadas para aprovechar cualquier oportunidad que se nos presente. Las

amenazas son las barreras que podrían retrasarnos, o incluso impedirnos seguir nuestro camino. El análisis FODA es una herramienta muy popular porque puede aplicarse a la mayoría de las cosas. Por ejemplo, se puede aplicar a:

1. Individuos
2. Equipos
3. Proyectos
4. Empresas
5. Organizaciones benéficas
6. Productos

También te permite analizar tus capacidades de gestión y determinar si debes tomar medidas para hacer frente a las amenazas y aprovechar las oportunidades inminentes. Todo lo que tienes que hacer es responder a las preguntas centrándote en áreas específicas. A veces es necesario ajustar ligeramente las preguntas, para poder aplicarlas a ámbitos específicos, pero el concepto subyacente sigue siendo el mismo.

¿CUÁLES SON LOS ELEMENTOS DE UN ANÁLISIS FODA PARA RECONOCER TUS PROPIAS FORTALEZAS Y HABILIDADES DE LIDERAZGO?

Un análisis FODA es tu oportunidad de echar un vistazo confidencial, pero rigurosamente honesto, a tus habilidades y capacidades como líder. Esto te permite planificar tu propio camino y ser responsable de la calidad del trabajo que produces, aumentar tu motivación y esforzarte por alcanzar tus objetivos futuros. Todo esto se lleva a cabo mientras se aborda cualquier problema que surge en el camino. Ten en cuenta que es importante considerar lo que ya haces bien, ¡porque mereces ser elogiada por tus logros obtenidos hasta ahora!

No siempre es fácil evaluarse a sí mismo. A muchas personas les resulta difícil el proceso de destacar aquello en lo que son buenos. A otros les resulta difícil considerar las cosas en las que no son buenos. Hay una serie de preguntas que puedes hacerte si quieres analizar tus habilidades como líder. Veamos de nuevo los elementos del FODA, pero esta vez los consideraremos desde la perspectiva del liderazgo y la gestión.

Fortalezas

Como se ha mencionado anteriormente, tus puntos fuertes se centran en lo que haces bien. Hay una serie de preguntas que puedes hacerte para asegurarte de que eres consciente de las cosas que haces mejor. Pregúntate:

- En relación con el liderazgo y la gestión, ¿qué habilidades poseo naturalmente?
- ¿Qué tareas dentro de la gerencia he aprendido más rápido y cuáles me han resultado más fáciles de asumir?
- Si preguntara a otros acerca de mis habilidades interpersonales, ¿cuáles valorarían más?

- ¿Qué valores son importantes para mí, y cómo me ayudan a desempeñarme mejor como gerente?

Debilidades

Aunque a veces es difícil tener en cuenta las cosas en las que no somos buenos, aprender a evaluar las áreas en las que necesitamos desarrollarnos y mejorar, es una habilidad importante. Si queremos progresar, siempre hay algo que podemos hacer mejor o aprender qué cosas podrían ayudarnos. Las cosas cambian constantemente en los negocios, así que reconocer lo que no sabemos, puede darnos algo en lo que trabajar. Pregúntate:

- ¿Qué me impide delegar en otros con eficacia?
- Si no rindo tan bien como creo que debería, ¿estoy contenta con mi enfoque? ¿Cómo manejo el bajo rendimiento?
- ¿Qué desafíos interpersonales temo y por qué?
- ¿Existe algún tipo de situaciones o personas que me cueste manejar?

Oportunidades

Estas son las cosas que pueden proporcionarte la oportunidad de hacer crecer tus habilidades como líder, y a menudo pueden ser medidas en tu rendimiento personal y en el del equipo. Pregúntate:

- ¿Existen oportunidades de capacitación disponibles que me puedan ayudar a superar mis puntos débiles y cualquier otro obstáculo al que me pueda enfrentar?
- ¿Tengo acceso a otras herramientas o marcos de gestión, como el coaching? Si es así, ¿puedo/quiero aprovecharlas?
- Respecto a mis subordinados directos, ¿existen nuevas formas que me permitan desarrollar sus habilidades a través de la delegación?
- ¿Qué proyectos se avecinan y cómo puedo desarrollar mis habilidades gerenciales en relación a ellos?

Amenazas

Las amenazas a las que te enfrentas pueden suponer un riesgo para tu éxito, crecimiento y rendimiento. A menudo, las amenazas se presentan simplemente como barreras. Como gerenta, puedes utilizar tus habilidades de resolución de problemas para superarlas. Pregúntate:

- En el ámbito de un próximo proyecto, ¿a qué retos me enfrento como gerente? ¿Necesito desarrollar alguna de mis áreas más débiles antes de que comience el proyecto?
- ¿Soy capaz de influir eficazmente en mi equipo y en mis colegas? Si no es así, ¿qué puedo hacer para desarrollar las relaciones con mis actuales colaboradores?

- ¿Se avecinan cambios o retos que pondrán a prueba mis dotes de liderazgo y mi capacidad de inspiración?
- ¿Cómo puedo gestionar el rendimiento de mis colaboradores directos de forma más eficaz y eficiente?

Tu Oportunidad De Practicar

¿Estás preparada para aprovechar las oportunidades que se te presentan?

Es el momento de acceder a tus talentos, habilidades, puntos fuertes y debilidades, utilizando la plantilla de análisis FODA que figura a continuación. Utiliza las preguntas para ayudarte y asegúrate de rellenar al menos un punto por cuadrante.

Ser honesta sobre tus propias habilidades y debilidades puede ayudarte a desarrollar la confianza como líder. Esto, a su vez, puede ayudarte a aumentar la confianza en ti misma. Puedes utilizar el marco de análisis FODA para evaluar tus habilidades, así como las de tus colaboradores directos, para ayudarles a desarrollarse y progresar.

Recuerda...

"El mejor líder no es necesariamente el que hace las cosas más grandiosas. Es el que consigue que la gente haga las cosas más grandiosas".
~ Ronald Reagan

PREGUNTAS A HACER

Fortalezas

- ¿En qué aspectos de la gestión y el liderazgo te sientes "dotada"?
- ¿Qué tareas de gestión te resultan más fáciles de asumir y aprender rápidamente?
- ¿Cuáles son tus valores y cómo te hacen ser mejor gerente?
- ¿Qué valoran de ti los demás en términos de habilidades interpersonales?

Debilidades

- ¿Qué retos interpersonales te dan más temor a la hora de enfrentarte a ellos?
- ¿Qué te impide delegar eficazmente?
- ¿Hay algún tipo de personas que te cueste dirigir?
- ¿Cómo manejas el bajo rendimiento? ¿Estás satisfecha con tu enfoque?

Amenazas

- ¿Se avecina algún proyecto que pueda revelar debilidades en tu capacidad de gestión?
- ¿Necesitas gestionar mejor el rendimiento de un subordinado directo para proteger a la organización?

- ¿Se avecina algún cambio organizativo que ponga a prueba tu capacidad de inspiración?
- ¿Puedes influir eficazmente a nivel interno? Si no es así, ¿necesitas desarrollar tus relaciones con las principales partes interesadas?

Oportunidades

- ¿Existen herramientas o marcos de gestión que puedas aprovechar, como el coaching?
- ¿Existen oportunidades de formación que te permitan abordar tus puntos débiles?
- ¿Qué proyectos se avecinan que te permitirán desarrollar tus capacidades de gestión?
- ¿Existen nuevas formas de ayudar a desarrollar las habilidades de tus subordinados directos a través de la delegación?

CAPÍTULO 2
GANA CONFIANZA Y SEGURIDAD EN TI MISMA

TODO GRAN LÍDER DEBE TENER PRESENCIA! Por presencia, me refiero a que tienen toda una serie de aptitudes. Pero, sobre todo, ellos entran en la sala y causan un impacto inmediato. La gente respira aliviada. Saben que este líder se asegura de que las cosas se hagan, o que al menos es capaz de ofrecer un plan para conseguirlo. Son los motivadores, los que resuelven los problemas, los instructores. Son fríos bajo presión y siempre parecen saber lo que están haciendo. Pero, *¿qué es lo que realmente da presencia a esos líderes?*

Eso es fácil... son seguros y tienen confianza en sí mismos.

En el primer capítulo hablamos de evaluar tus fortalezas. Así que ya tienes algo de confianza, porque has reconocido cuáles son tus activos. Son las cosas que haces bien. Eres líder porque mereces serlo. A medida que crezcas, podrás hacer crecer aún más tus fortalezas y tu experiencia. A lo largo de este capítulo exploraremos la construcción de tu seguridad y de la confianza en ti misma. Estas son habilidades realmente importantes que debe dominar un líder. Al igual que cualquier otra habilidad importante, su desarrollo requiere tiempo. Por lo tanto, este capítulo te servirá para empezar, pero depende de ti continuar este trabajo a medida que te desarrolles en tu rol de liderazgo. ¡Es hora de que tomes las riendas y sigas avanzando en la dirección correcta!

SIN CONFIANZA, NO HAY LIDERAZGO

Permíteme hacerte una pregunta seria.

Si no crees en ti misma, ¿quién lo hará?

Digamos que tu automóvil se descompone y vienen dos mecánicos a verlo. El primero te dice que "cree" que puede arreglar tu coche. Murmura algo en voz baja, se queda con las manos en los bolsillos, se inquieta y evita el contacto visual mientras te dice que "cree" saber cuál es el problema, pero luego admite que no está completamente seguro.

El segundo se presenta con una sonrisa, mantiene el contacto visual y se mantiene erguido mientras te explica exactamente lo que le pasa a tu coche. Incluso te muestra el problema bajo el capó y te dice con confianza que "puede" arreglarlo rápidamente, y te dice cuánto costará en piezas y mano de obra.

¿A quién eliges? Por supuesto, vas a elegir al segundo
mecánico. Pero, *¿cuál es la diferencia?*
El mecánico número 1 se sabotea a sí mismo. Mira al
suelo, se inquieta y murmura. Estas no son las acciones
de alguien que cree en sí mismo y en sus propias habilidades. Es difícil confiar en alguien que no confía en sí
mismo. El segundo mecánico es seguro de sí mismo. Se
mantiene erguido, te mira a los ojos, te explica el
problema e incluso te muestra dónde está. No hay necesidad de dudar de él. Cree que puede arreglarlo porque
confía en sus propias habilidades y capacidades. Como
resultado, tú también le crees. Al fin y al cabo, él es el
experto. Así es como deben sentirse tus subordinados
directos con respecto a ti.

Similar a lo que ocurre con estos mecánicos, un líder
que carece de confianza en sí mismo, autosaboteará su
propio potencial de liderazgo. Debe liderar a los demás
creyendo primero en sí mismo. Al desarrollar la seguridad en sí mismos y la autoconfianza, los grandes
líderes:

- Se vuelven intrépidos
- Se comunican con confianza
- Tienen un flujo constante de ideas
- Aumentan la satisfacción en el trabajo
- Inculcan y se ganan la confianza de sus
  seguidores
- Apuntan siempre más alto
- Mantienen la calma y la compostura
- Aceptan las críticas y los errores

- Asumen los riesgos necesarios
- Creen en sus habilidades y capacidades

¿QUÉ OCURRE SI UN LÍDER NO TIENE CONFIANZA Y SEGURIDAD EN SÍ MISMO?

Si un líder carece de confianza en sí mismo, esto puede tener un impacto negativo en su estilo de liderazgo y en su eficacia. Un líder puede entonces:

- Tener dificultades para valorar a los demás, lo que significa que le cuesta mantener motivados a los miembros de su equipo.
- Tener una tendencia a llevarse todo el mérito, lo que puede también desmotivar a los miembros de su equipo que han trabajado diligentemente por un objetivo común. También puede causar conflictos y descontentos dentro del equipo.
- Guardarse información importante para sí mismo, lo que puede destruir la confianza y la comunicación entre los miembros del equipo.
- Criticar a los demás con regularidad. Tener una actitud negativa constante de este tipo puede afectar el ambiente de todo el lugar de trabajo, así como al de su equipo.
- Microgerenciar, lo que da a los miembros del equipo la impresión de que no se confía en ellos para realizar las tareas.

- Ser indeciso, lo que demuestra una falta de confianza en sí mismo y en sus propias capacidades.
- Ser arrogante. La arrogancia no es confianza. Recuerda que tienes que predicar con el ejemplo y siempre hay algo que aprender de cada situación. Ser capaz de aceptar la retroalimentación y aprender la lección cuando las cosas no funcionan, demuestra que eres humana y que no tienes miedo a los retos y al cambio.

11 CONSEJOS PARA DESARROLLAR LA CONFIANZA EN EL LIDERAZGO

Ya has empezado a trabajar en el desarrollo de tu confianza como líder con este libro. Si quieres seguir adelante, aquí tienes algunos consejos útiles:

- Aprende sobre el liderazgo
- Celebra tus triunfos y anima a otros a hacer lo mismo
- Establece una red de contactos y colabora con otros líderes
- Apoya a los demás para que también puedan tener éxito
- Conócete a ti misma realmente
- Aprende y practica la gratitud y la psicología positiva
- Muéstrate segura de ti misma y proyecta esa seguridad

- Desarrolla tu inteligencia emocional
- No tengas miedo de pedir ayuda
- Deja de preguntar "Madre, ¿puedo?" y toma tus propias decisiones
- Desarrolla tu sentido del humor

Recuerda que construir la confianza y la seguridad en ti misma, es sólo una parte de tu viaje para convertirte en una gran líder principiante. La siguiente parte de tu viaje se centra en la construcción de tu credibilidad y el desarrollo de tu capacidad para influir en los demás. Sólo podrás hacerlo si crees en ti misma y en tus capacidades. Una vez que hayas conseguido esto, los demás te verán como la líder que eres, confiarán en ti y te seguirán.

Tu Oportunidad De Practicar

La confianza en una misma no es algo que aparezca de la noche a la mañana. La mejor manera de desarrollarla es construir tu rutina diaria en torno a ella. Si la conviertes en tu máxima prioridad, incluso antes de comenzar a trabajar, estarás preparada para el día que te espera. Hay muchas cosas que puedes hacer para aumentar tu confianza, y ésta se desarrollará con la práctica. Si no estás segura de por dónde empezar, utiliza la siguiente Rutina Diaria De Fortalecimiento De La Autoconfianza para comenzar.

1. Céntrate en tus fortalezas incluso en los momentos más difíciles.

Haz una lista rápida de tus fortalezas y de las cosas de las que te sientes más orgullosa. Imprímela o guárdala en tu teléfono móvil. Mírala tantas veces al día como necesites.

a. Fortaleza 1...

b. Fortaleza 2...

c. Fortaleza 3...

d. Fortaleza 4...

e. Estoy orgullosa de...

f. Estoy orgullosa de...

g. Estoy orgullosa de...

h. Estoy orgullosa de...

2. Recompénsate por los pasos positivos que has dado en la dirección correcta.

Puede ser un simple "bien hecho" o una carrera rápida a Starbucks para comprar un buen café con leche. Son pequeños gestos de felicitación y agradecimiento para los que solemos no tomarnos nunca el tiempo de hacer para nosotras mismas.

3. Desacelera

Piensa en la situación que te frena o te impide dar los pasos que te gustaría dar para avanzar. Piensa de forma lógica en la situación y ve qué pasos podrías dar para resolver el problema/desafío. Visualiza cómo sería y cómo te sentirías. Si te sientes bien en todos los aspectos, adelante, y da el primer paso.

4. Expresa tus sentimientos y necesidades

Las personas que luchan con problemas de confianza en sí mismas, tienden a convertirse en una persona que dice sí a todo en el trabajo. Si todo el mundo sabe que eres esa persona, será más fácil que se aprovechen de ti. En su lugar, piensa en tu carga de trabajo y comprueba si decir "sí" te supondrá un trabajo adicional innecesario que te retrasará. Está bien decir "no".

5. El método EMPEZAR-DEJAR-CONTINUAR

Utiliza este método para averiguar lo que tienes que dejar de hacer porque ya no te sirve, lo que tienes que empezar a hacer porque es bueno para ti, y lo que tienes que seguir haciéndolo porque te funciona.

a. EMPEZAR a hacer pequeños descansos cada hora para poder relajar los ojos y la mente entre tareas.

b. DEJAR de decir constantemente "sí" a todo. Eso me retrasa en mi propio trabajo.

c. CONTINUAR planificando mi día, bloqueando tiempo en mi calendario para ponerme al día con el trabajo y otras tareas.

CAPÍTULO 3
GANA CREDIBILIDAD E INFLUYE EN LOS DEMÁS

TANTO LA CREDIBILIDAD COMO LA INFLUENCIA EN LOS DEMÁS serán muy importantes para ti, una vez que hayas empezado a desarrollar la confianza en ti misma. Cuando creas en ti misma, los demás empezarán a creer en ti. Con cada éxito o victoria, generas más credibilidad en los demás y, con el tiempo, comenzarás a influir en ellos de manera más efectiva.

Ser creíble significa demostrar a los demás que pueden confiar en ti. Demostrar que eres creíble en el mundo de los negocios es extremadamente importante, ya que esto te ayudará a cultivar una imagen positiva de ti misma como líder y figura de autoridad. Al hacerlo, podrás utilizar tus habilidades para influir en tus subordinados directos y animarles a garantizar que la organización en su conjunto sea capaz de influir en el mundo empresarial y en los clientes.

Un líder con credibilidad se hace conocido en la

organización como alguien en quien todos pueden confiar. Si eres reconocida por conseguir que las cosas se hagan, por derribar las barreras, y por motivar o inspirar a otros, entonces te convertirás en una figura influyente. Construir tu credibilidad y tener la capacidad de influir en los otros, te permitirá convertirte en una líder experimentada en poco tiempo. Tu reputación te precederá. Las personas acudirán a ti para aprovechar tu experiencia y tus habilidades de pensamiento dinámico. Cuando los clientes compran un producto o un servicio, suelen hacerlo a personas en las que confían. No compran simplemente el producto o el servicio. Compran la visión. Si muestras a los demás que estás involucrada en el negocio y crees en ti misma, inspirarás a tus subordinados directos a hacer lo mismo. Tu pasión y tus convicciones los motivarán y los guiarán. Existen 3 estrategias que puedes utilizar para ganar credibilidad. Empezaremos abordando estas estrategias. Luego exploraremos otras formas de construir credibilidad, y más adelante, nos centraremos en tus poderes de liderazgo, y en cómo éstos pueden ayudarte a influir en los demás.

Para ser una líder influyente, tienes que cumplir con tu palabra, en los plazos acordados, apuntalando y apoyando a tu equipo. Es el momento de llevar tu desarrollo de liderazgo a un nivel completamente nuevo: ahora que ya has empezado a confiar en ti misma, es el momento de ganarte también la credibilidad de los demás...

TRES ESTRATEGIAS PARA CULTIVAR TU CREDI-
BILIDAD

Desarrollar tu credibilidad como una líder joven, es
un desafío, pero afortunadamente existen tres maneras
fáciles de hacerlo:

1. Desarrolla tus habilidades

Ser líder es una gran responsabilidad y depende de ti
desarrollar las habilidades necesarias para ayudar a tu
equipo y organización a alcanzar sus objetivos con éxito.
Debes desarrollar un plan para aumentar tus habilidades de liderazgo, comunicación y manejo de conflictos. También debes pensar en otras habilidades
específicas que necesitarás para inspirar, motivar y organizar a tu equipo. Haz que tu equipo crea en ti mostrándoles el camino. No siempre creerán en lo que dices,
pero para ser efectiva, ¡ellos necesitan creer en lo que
haces!

2. Sé una líder a la que valga la pena seguir

Observa con atención a otros líderes exitosos y qué
características los hacen así. Tus subordinados directos
te seguirán si eres íntegra, digna de confianza y
proyectas esa confianza. También quieren que seas
apasionada y positiva con el trabajo que haces, para que
tu presencia los inspire y despierte su motivación. A
nadie le gusta tener un líder negativo e ineficaz a la hora
de resolver problemas.

3. Desarrolla hábitos para un liderazgo exitoso

Un líder exitoso desarrolla hábitos positivos para mejorar su desempeño. Si tienes hábitos sólidos, tienes el doble de probabilidades de lograr tus objetivos y esto también te permite adoptar la constancia (otro buen hábito). Por ejemplo, si te enfocas en tus propias fortalezas y las fortalezas de tu equipo, y las usas de manera complementaria para trabajar juntos de manera efectiva, podrás desarrollar buenos hábitos de trabajo en equipo. A pesar de que algunos tendrán instantáneamente una primera impresión sobre ti, la confianza no se construye de la noche a la mañana. Se necesita tiempo, práctica y paciencia. Por eso es importante comenzar a construir tu credibilidad ahora. Pero a veces es difícil saber por dónde empezar.

CÓMO CONSTRUIR TU CREDIBILIDAD CUANDO ERES UNA NUEVA LÍDER

Si la construcción de la credibilidad es importante para ti como nueva líder, hay algunas habilidades en las que puedes trabajar de inmediato. Ser coherente es la clave. Por ejemplo, si cuando te presentas, diriges a tus subordinados directos y resuelves los problemas de forma coherente, la confianza se generará más rápidamente. También puedes utilizar tu capacidad de escuchar para demostrar a tus subordinados directos que te preocupas por ellos. Como líder, siempre es bueno escuchar atentamente a los demás antes de intervenir y ofrecer consejos u orientación. Es posible que tu equipo simplemente necesite a alguien con quien hablar o compartir sus ideas, y ofrecer un oído atento puede ser más eficaz de lo que crees.

Otra importante habilidad de liderazgo es conocer a los equipos con los que vas a colaborar. Me refiero a tus subordinados directos, al equipo directivo, a otros equipos dentro de la empresa que están estrechamente relacionados con el tuyo y a tus propios clientes. Cuando conoces estrechamente a las personas con las que vas a trabajar, y ellas te conocen a ti, la confianza suele surgir de forma natural. Estas relaciones son vitales para mantener ¡y encontrar a tus patrocinadores cuando la ocasión lo requiera!

Cuando te manejas en el mundo de los negocios, no hay tiempo que perder. Así que debes ser directa e ir al grano. Es importante que sigas manteniendo tu profesionalidad y educación, pero ser directa da una impresión de honestidad. Responde a los demás de forma clara, sencilla y sucinta para asegurarte de que estás expresando claramente tus objetivos y prioridades. La gente aprecia la honestidad, y esta a su vez, genera respeto y confianza.

Como líder, depende de ti pasar a la acción. Deposita tu confianza en tu educación y formación. El desarrollo es crucial para que te conviertas en una mejor líder. La mayor parte de la formación corporativa es muy valiosa, e independientemente de si eres una nueva líder o una líder experimentada, la formación y la educación te garantizarán un desarrollo y un crecimiento continuos, así que es crucial que inviertas tu tiempo y energía en ello. Aunque es probable que mejores el rendimiento a largo plazo, es poco probable que las oportunidades te encuentren a ti, debes salir a buscarlas. Asume tu responsabilidad y busca las oportunidades para expresarte. Te ayudarán a mejorar tu visibilidad, tu reputación y te asegurarán que se te conozca por tu experiencia. Si comienzas a trabajar con diligencia para mejorar tus aptitudes, tu crecimiento será evidente. Si cultivas tu credibilidad como una líder nueva, innovadora y dinámica, tu influencia en los demás se dará naturalmente.

UTILIZA TUS PODERES DE LIDERAZGO PARA INFLUIR EN LOS DEMÁS

Como líder, tienes el poder de influir en los demás. *Pero, ¿qué es el poder?* Es la capacidad o habilidad para influir en los acontecimientos o en las personas. El rol de liderazgo te otorga el poder de dirigir un equipo, pero también supone muchas responsabilidades. Todos los buenos líderes tienen la capacidad de fomentar la auto-superación dentro de su equipo y de abrazar el trabajo en equipo, además de tener el poder de promover una cultura de equipo positiva. Tu trabajo consiste en influir en los demás, sólo tienes que reconocer y aprovechar las diferentes podres que te permitirán hacerlo.

¿Qué "poderes" tienen o pueden utilizar los líderes?

Como líder, reconocerás algunos de tus poderes. Es probable que descubras que ya tienes y utilizas algunos de estos poderes cuando influyes en los demás. Muchas personas descubren que tienen influencia a través de sus contactos, por ejemplo, al estar asociados con una persona influyente que ya es admirada y respetada por los demás. Eso les dará poder por asociación. Por ejemplo, si la organización para la que trabajas está buscando un inversor y conoces a posibles inversores adecuados, puedes aprovechar esos contactos. Muchas personas encuentran el poder a través de su sistema de valores y creencias. Si crees apasionadamente en algo y eres reconocida por ello, puedes inspirar positivamente a otros a tomar acción y creer firmemente en lo mismo que tú. Es más fácil influir en los demás si creen en cosas similares a las tuyas. Los intereses en común son poderosos.

Tu rol dentro de una organización -y el respeto que te tienen los demás- también puede legitimarte y posicionarte como figura de autoridad. Los socios fundadores que son líderes, suelen ser respetados debido a su experiencia dentro de la empresa, como resultado de los vínculos que tienen con la organización desde su nacimiento. Este respeto les da poder, ya que todo el mundo es consciente de su estatus dentro de la organización. A menudo, los líderes reconocidos como expertos en un área concreta, pueden influir fácilmente en los demás, ya que suelen convertirse en "referentes".

Algunos de los poderes que tienes como líder están relacionados con tu capacidad de persuasión. Si tienes carisma, puedes obligar a los demás a seguirte porque les inspiras positividad y bienestar. Hay algo en ti que hace que la gente quiera seguirte. Las recompensas son otra forma de motivar a tus subordinados directos para que actúen. Los líderes suelen tener el poder de conceder incentivos u otras recompensas, que animarán a los empleados a completar las tareas y superar las expectativas. Un líder que tiene fuertes habilidades interpersonales también puede percibir que los demás le admiran y, por tanto, le siguen de forma natural. Poseer conocimientos e información que otros no tienen sobre la organización, también te situará en una posición única y poderosa como líder. Si sabes algo antes de que los demás lo sepan, indica que eres una figura de autoridad dentro de la empresa. Ser consciente de los poderes que tienes como líder te permite aprovecharlos. Puedes utilizar estos poderes para ayudar a los demás a prosperar.

Tu Oportunidad De Practicar

Ahora es tiempo de construir tu credibilidad, ya que este es uno de los aspectos más importantes para convertirte en una gran líder. Establecer conexiones a través de la confianza te permitirá crecer y desarrollar tu marca como "referente". Esto, a su vez, aumentará tu visibilidad dentro de la organización.

¿Puedo confiar en ti?

Idea: Crear Conexiones

Crea conexiones en tu trabajo. Personas con las que puedas contar para que te aconsejen. Cuantas más conexiones establezcas, a más personas podrás pedir apoyo cuando más lo necesites. Establecer conexiones es construir confianza. Cuanto más confíen en ti, más creíble serás para ellos. Esto requerirá tiempo y esfuerzo de tu parte. Fomentar las relaciones en el lugar de trabajo se convertirá en una de las habilidades más importantes que puedas aprender.

Objetivo: ser fiable

Las personas confían en aquellos con los que pueden contar. Una vez que crean que eres una persona digna de confianza, te convertirás en una persona fiable frente a los demás. La fiabilidad es crucial para tu éxito como líder. Haz que esa sea tu marca, y nunca tendrás que preocuparte por tu crecimiento dentro de tu organización.

Ideas De Cómo Crear Conexiones

1. Únete a los comités
2. Conviértete en mentora de los empleados más nuevos
3. Asiste a los eventos sociales

Puntúate del 1 al 10 en las siguientes cuestiones:

- ¿Qué tan fiable soy actualmente?
- ¿Qué tan buenas son mis conexiones actuales?
- ¿En qué medida soy digna de confianza actualmente?

Si has obtenido una puntuación de cinco o menos en alguna de las preguntas anteriores, examina en qué aspectos debes centrar más tu tiempo. Busca formas de aumentar tu factor de fiabilidad.

¿Puedo respetarte?

Idea: Juega A Lo Grande

Elabora una lista de logros y realizaciones personales y encuentra la forma de hablar de ellos de una manera que te resulte auténtica. No es el momento de restar importancia a tus habilidades, formación y experiencia. Promociona tus logros de manera que estos jueguen a tu favor. El éxito es algo estupendo, y debe ser apreciado y expresado. Has trabajado mucho para conseguirlo y debes hacerlo saber.

Objetivo: Ser Humilde

No hay mejor manera de autopromocionarse que si otros te promocionan. Puedes conseguirlo añadiendo valor a través de compartir información sobre un contenido que hayas publicado, o tu pericia en un tema, o simplemente convirtiéndote en una autoridad en la materia. De esta forma, te establecerás como una profesional en tu campo. Tus colegas te corresponderán promoviendo de buen grado tu expertise.

CAPÍTULO 4
EXPRÉSATE - GANA VISIBILIDAD

COMO LÍDER, A MENUDO SE ESPERA QUE SALGAS DE TU ZONA DE confort y te enfrentes a tus miedos. Una de las razones más comunes por las que las personas se sienten incómodas cuando está ganando visibilidad es porque ¡darse a conocer da miedo! Pero presta atención, esto es un DEBER. La forma más eficaz de ganar visibilidad es hablando en público.

¿Has oído alguna vez la expresión "entregarse uno mismo a los lobos"? Bueno, cuando te haces muy visible, a menudo puedes sentir que te expones a lo que percibes como peligroso, ya que te estás abriendo al juicio de los otros. Por supuesto, siempre habrá gente que te juzgue a pesar de todo. Pero ser visible no siempre es tan malo como creemos, simplemente nos asustamos anticipándonos a lo que se nos viene. Las investigaciones nos dicen que *el 99% de las cosas que nos preocupan nunca ocurren.*

Se calcula que aproximadamente el 75% de las personas se sienten intimidadas al hablar en público. Se trata de una cifra interesante si tenemos en cuenta que, esencialmente, ¡siempre estamos haciendo algún tipo de discurso en público! Hablamos en público cuando enviamos un correo electrónico o hablamos por teléfono, cuando participamos en reuniones o nos topamos con alguien en los pasillos. Cada vez que nos comunicamos con los demás, nos presentamos de una manera que influye en cómo nos perciben. Esto es así porque la comunicación permite a los demás formarse una impresión de nosotros.

La visibilidad es algo en lo que debes trabajar. Para tratare el tema de manera fluida, este capítulo estará dividido en tres partes:

1. Preparación
2. Práctica
3. Presentación

Cada una de estas partes desempeñará un papel crucial en el aumento de tu visibilidad. Al final de este capítulo, tendrás una mejor idea de lo que puedes hacer como líder cuando te embarques en proyectos de alta visibilidad, y entenderás cómo esto podrá reforzar la confianza de tu equipo.

PREPARACIÓN - LISTA DE VERIFICACIÓN

La preparación es crucial si quieres ganar visibilidad. Estar preparada elimina parte del miedo y la ansiedad que sentimos al ser visibles. Para prepararte de forma eficaz, puedes:

¡Elegirme!

- Es el momento de ser proactiva creando y encontrando oportunidades
- Ser receptiva y abierta diciéndole "sí" a las oportunidades que se te ofrecen

¿A quién te diriges?

- Tómate tu tiempo para investigar a tu público o, al menos, tener una buena idea de quiénes son. Todo el mundo necesita saberlo para poder adaptar su forma de presentación. No tengas miedo de desafiar sus convicciones, esto te hará memorable.
- Adapta tus argumentos a tu público. Una vez que sepas a quién te diriges, piensa en lo que necesitan saber y hazles partícipes de tu plan cuando pienses en tus puntos de debate.

¿Quiénes están de tu lado y de qué lado estás tú?

- Inspira a los demás y anímalos a usar su voz con confianza.
- Ofrece oportunidades para ayudar a otros a encontrar su voz. Establecer estas conexiones puede ayudar a los demás. Si haces un esfuerzo adicional para ayudarles, es probable

que ellos te correspondan y te traten de la misma manera. Esto se llama reciprocidad.

La preparación te permite planificar tu discurso en público con antelación y te permite estar lista para cualquier situación que se te presente. Una vez que lo hayas planeado todo, es hora de practicar.

PRÁCTICA - LISTA DE VERIFICACIÓN

Si tuvieras que dar un discurso a tu familia en un evento especial, probablemente lo escribirías y practicarías... ¿verdad? Practicar para un acto de oratoria debe hacerse de forma similar, y de hecho esto aumentará tu confianza. Los pasos a seguir son los siguientes:

Esfuérzate, desafía y aporta

- Piensa en cómo utilizas tu propia voz. ¿Cuándo alzas la voz? ¿Cuándo te contienes? Reflexiona sobre estas cosas para mejorar tu práctica.
- Proporciona feedback de forma clara y honesta. Verás que los demás lo apreciarán.

Practica. Practica. Y practica un poco más

- Practica frente a tu familia, a tus amigos, a tus compañeros, a tus hijos, frente al espejo, frente a una grabadora ¡o incluso frente a tus mascotas!

Cada vez que lo hagas, trabaja en algo que te gustaría mejorar.

- Pon todo en tu presentación: tu mente, tu cuerpo, tu corazón y tu voz son importantes. La gente quiere oírte de verdad.
- Anima a los demás a practicar ofreciéndote como público de prueba para ellos.

Céntrate y no dejes que los nervios se conviertan en un problema

- Desarrolla tu propio ritual o mantra para ayudarte a mantener la calma, la concentración y la preparación.
- Acuérdate de respirar. Si notas que tu respiración cambia, cierra los ojos, inhala profundamente y expulsa el aire desde la boca del estómago.
- Mantente en el momento presente. Intenta no pensar en el mañana o en el ayer, disfruta de la experiencia en el ahora.

PRESENTACIÓN - LISTA DE VERIFICACIÓN

Cuando expones una presentación, puedes utilizar diferentes métodos para comunicarte con eficacia. Puedes mostrar tu pasión cuando expones a través de algo más que tu voz: tus gestos con las manos y tu tono de voz también causan impresión en los demás. Exponer puede ayudarte a aumentar tu confianza y credibilidad, también puede brindarte una plataforma desde la cual puedas influir. Y recuerda que, como ya hemos dicho, esta habilidad puede reforzarse. Cuando estés preparada para exponer tu presentación, tienes que:

Comunicar de forma clara y expresiva

- Marca el ritmo de tu discurso para que tu audiencia pueda seguirlo y comprometerse con él. Utiliza las pausas para permitir que tu audiencia procese lo que acabas de contar, ve más despacio cuando les digas algo importante y acelera (no demasiado) si dices algo desenfadado o divertido. Intenta conectar con tu audiencia y medir su comprensión y disfrute de la charla.
- Considera tu pitch. Tu presentación habla de ti y de tu nivel de energía. Ya hemos mencionado el tono de voz y cómo puedes utilizarlo para transmitir tu estado de ánimo. Intenta también ser consciente de tu inflexión para poder utilizarla para poder comunicarte de manera efectiva con tu audiencia, ya que te indica su grado de compromiso. Si te pones nerviosa, respira profundamente para aprovechar tus tonos vocales más profundos y bajar tu tono. Recuerda mantener esa sensación de confianza y control.
- Piensa en tu proyección. *¿A quiénes tienes que llegar? ¿Qué sentimiento o acción quieres evocar?* Tu proyección te ayuda a armonizar con tu

energía y tu centro. Demuestra tus sentimientos en tu discurso; por ejemplo, habla en voz baja e inclínate hacia adelante durante los puntos serios, o eleva la voz para mostrar un aumento en tus niveles de energía o entusiasmo. ¡Puedes utilizarlo para añadir énfasis a tus puntos! Recuerda siempre que la persona más alejada de ti, te debe escuchar. Obviamente, quieres que te escuchen. Por tanto, haz lo posible por hablar de forma que puedan hacerlo y, finalmente, utiliza un micrófono si es necesario.

Comunicación no verbal

- Las expresiones faciales pueden servir para añadir emoción a tu discurso. Sonríe para demostrar que eres cálida. A su vez, tu audiencia puede demostrar-y de hecho lo hará- si le gusta algo a través de sus expresiones. Más de la mitad del mensaje de un presentador se comunica a través de señales no verbales. Así de poderosas son.
- La postura muestra tus niveles de energía, así que presta atención a ella. Si te pones de pie o te sientas recta, con los hombros hacia atrás, parecerás segura y accesible. Tu postura puede ayudarte a parecer fuerte y a reforzar tu presencia.
- Los gestos también son estupendos para mostrar confianza y reforzar la presencia. Si te

encoges de hombros cuando no sabes algo, o saludas con la mano cuando dices "hola", demuestras una mayor energía cuando estás presentando.

- El contacto visual comunica integridad y fomenta la confianza. Si quieres que tu público te crea, se comprometa contigo y confíe en ti, tendrás que establecer contacto visual. En cambio, si miras al suelo y te pones nerviosa, parecerás menos creíble. El contacto visual muestra audacia y confianza en lo que estás compartiendo.

- Tu aspecto también determina la impresión que los demás tendrán de ti. Como joven líder, y presentadora, debes mostrarte debidamente preparada. Eso significa vestirse de forma profesional, teniendo en cuenta la formalidad del evento, ya que esto te ayudará a decidir qué tipo de ropa debes llevar, pero siempre respetando tu propia singularidad. No todos somos iguales. Ponte algo que te llene de confianza y que sea apropiado para la ocasión.

Organiza tus pensamientos pensando de tres en tres.

- Pensar de tres en tres te permite estructurar y te anima a pensar de forma rápida. Si incorporas esta estrategia a tu mente, te asegurarás de poder hablar de cualquier cosa en el momento. Hablaremos más de esto en los próximos capítulos.

- Ofrece una ronda de preguntas y respuestas al final de la sesión. Diles lo que harías en primer lugar... en segundo lugar... y finalmente. Es muy probable que te sorprenda lo que se te ocurra, ya que es mucho más eficaz que limitarse a dar una respuesta a una pregunta. Las preguntas y respuestas demuestran que no tienes miedo de que tu público te ponga en aprietos, lo que aumenta tu presencia e integridad. Si no tienes una respuesta, simplemente dile a la persona que lo averiguarás y te pondrás en contacto con ella. Sintetiza tus ideas y considera diferentes perspectivas o enfoques en relación con tu tema. ¡Esta puede ser una buena manera de sentirte más preparada frente a cualquier imprevisto!

Tu oportunidad de practicar

La mejor manera de mejorar tu visibilidad es practicar tus habilidades de presentación. Esto desempeña un papel fundamental a la hora de sentirte más cómoda al presentar.

"La práctica genera comodidad. Amplía tus experiencias regularmente para que cada tramo no se sienta como el primero".
~ Gina Greenlee

La mejor manera de volverte una presentadora profesional, es practicar cada vez que tengas la oportunidad de hacerlo. Ahora, es tu oportunidad de practicar, así que utiliza la siguiente planilla de tips para ayudarte a preparar tu próxima presentación.

PLANILLA DE PREPARACIÓN PARA CHARLAS/PRESENTACIONES

CAPÍTULO 5
INFLUENCIAR - ¿CÓMO HACERLO DE FORMA CORRECTA?

Y A HEMOS HABLADO DE LA INFLUENCIA, PERO VAMOS A VOLVER a hablar de ella ahora porque -especialmente para un líder en sus comienzos- es extremadamente importante. Si influir es importante para ti, es fundamental para ello, ganarte el respeto y la credibilidad. A menudo se asume que los líderes son personas mayores y con más experiencia. Asumiendo que esta suposición fuera cierta, significa que los líderes jóvenes corren el riesgo de no ser tomados en serio. Al aumentar tus niveles de influencia, puedes poner fin a esta suposición y demostrar que un líder joven nunca debe ser subestimado.

Cuando hablamos de aumentar la influencia en el liderazgo, observamos que muchos gerentes nuevos no saben cómo hacerlo con éxito ni por dónde empezar. En primer lugar, es posible que tengas que derribar las barreras y las creencias que puedan tener tus subordinados directos cuando se trata de seguir a líderes jóvenes. Este capítulo se centra en cómo hacer esto de la manera correcta, para asegurarte de generar influencia lo más rápido posible, no sólo dentro de tu equipo, sino también dentro de la organización.

¿CÓMO ES EL LIDERAZGO PARA UN JOVEN LÍDER?

Es reconfortante ver a líderes jóvenes en las organizaciones, pero a menudo se enfrentan a singulares obstáculos. La idea de que los líderes deberían tener más de treinta y cinco años, o más aun, significa que a menudo se dan diferencias relacionadas con la ética laboral, los estilos de comunicación y las prioridades entre las generaciones más jóvenes y las mayores. Por ello, muchos líderes jóvenes tienen dificultades para ganarse el respeto y generar ascendencia en los miembros más veteranos de su plantilla. Existen formas de superar esta situación.

Los líderes jóvenes o aquellos que están iniciando su carrera, suelen aportar formas de pensar vibrantes y creativas, un nuevo enfoque de las cosas y perspectivas únicas a la empresa. Se les contrata porque la organización cree que pueden desempeñarse bien en su trabajo, pero a los miembros del equipo les puede resultar difícil adaptarse a un líder joven con estas nuevas ideas. Todos deben adaptarse al cambio, pero como líder, te corresponde a ti ayudar a tus subordinados directos a superar el reto. Si una organización quiere avanzar y mejorar su rendimiento, la energía que aporta un líder joven puede ser el catalizador que lo haga posible.

La brecha generacional aumenta a medida que las

generaciones mayores retrasan su jubilación, mientras que se contrata a más graduados universitarios en puestos de liderazgo a pesar de tener menos experiencia. Esto no significa que los líderes jóvenes no sean adecuados para el puesto, sino que simplemente necesitan adaptarse, aprender y crecer a medida que se asientan en sus funciones. Ganar influencia es una forma de hacerlo.

Pero, ¿cómo pueden los jóvenes líderes ganar la influencia que necesitan para dirigir bien a su equipo y ganarse el respeto que merecen?

¡Tienes que ayudarlos a formarse una opinión positiva de ti!

GANA INFLUENCIA COMO JOVEN LÍDER

Si quieres ganar influencia, tienes que desarrollar tus habilidades de comunicación, establecer relaciones sólidas con los miembros de tu equipo y asegurarte de que tienes claros los objetivos, tanto de la empresa como de las personas implicadas. Asume la responsabilidad demostrando que te involucras con tu equipo y con su dinámica. Debes comprender profundamente los objetivos y las presiones a las que se enfrentan los empleados, independientemente de las diferencias de edad. Tanto los objetivos individuales como los de la organización, deben estar alineados entre sí, y de ti depende que así sea. Asegúrate de tener claros todos los objetivos empresariales, las declaraciones de misión y valores, para poder apoyar a tu equipo y alinearlos con los requisitos de tu organización y su estructura. La alineación es la clave para garantizar que todos estén en la misma sintonía. Debes calibrar los conocimientos, los puntos fuertes -y las posibles brechas en esas áreas- de tus subordinados directos, ya que esto puede ayudarte a delegar tareas y a asignar las tareas de mayor envergadura de forma eficaz. ¡Recuerda que estás preparando a tu equipo para ganar si les asignas tareas que se ajusten a sus puntos fuertes y que les ayuden a superarse y desarrollarse en el proceso! Como líder emergente, la forma de comunicarte marca una gran diferencia. Trabajar estrechamente con tu equipo, informarles de cómo te gusta recibir la información y tener en cuenta sus preferencias, es realmente importante. Conocer el estilo de comunicación preferido de cada persona, puede facilitar tu trabajo. A tus subordinados directos también les interesará saber cómo manejas los conflictos, así que asegúrate de saber escuchar y de estar preparada para resolver los problemas que surjan. Muéstrate abierta y honesta cuando les informes las maneras de comunicarse o dirigirse a ti. Demostrar que estás dispuesta a escuchar y resolver cualquier problema de esta manera te ayudará a ganarte su respeto y confianza. Esto comenzará a fortalecer las relaciones dentro de tu equipo también. La comunicación es un aspecto muy importante en los negocios, así que tómate tu tiempo al principio, para aprender lo que funciona y lo que no, para que puedas tener éxito a largo plazo.

Aunque todo esto por sí solo te ayudará a ganarte el respeto y a ganar influencia en tu lugar de trabajo, puedes ir más allá trabajando en las relaciones que tienes con tus subordinados directos. Obviamente, ¡todo será más fácil si tienes una relación positiva con los miembros de tu equipo! Además, cuando los miembros del equipo están contentos, la productividad y la satisfacción laboral aumentan. Las reuniones de equipo, las reuniones individuales con tus subordinados directos o las actividades sociales o de equipo, son excelentes formas de fortalecer las relaciones. Para inculcar el sentido del trabajo en equipo, puedes aumentar tu credibilidad asegurándote de comprender exactamente a quienes quieres influir. Más adelante, utilizando lo que sabes sobre tus subordinados directos, construye tus relaciones de forma individual con cada uno de ellos.

Ganar la credibilidad de tus clientes, puede lograrse mediante un proceso similar al de tus subordinados directos. Un líder influyente siempre se centra en el cliente, cumple con su palabra y tiene un profundo conocimiento del valor que cada uno de ellos aporta a la empresa. Así, tu cliente confiará en ti y, por lo tanto, en toda la organización. Un líder que tiene credibilidad fuera del negocio, en función del trabajo que realiza para la organización, tendrá el poder de influenciar a los demás.

Tu Oportunidad De Practicar

Antes de empezar a influir en los demás, es una buena idea averiguar cuál es tu estilo de influencia. ¿Eres de las que Atraes o Presionas? Pongamos a prueba tu estilo de influencia con el siguiente cuestionario.

Cuestionario Sobre El Estilo De Influencia

Lee atentamente cada una de las siguientes afirmaciones y decide en qué medida describen tu comportamiento en situaciones en las que debes influir en los demás. Basa tus respuestas en actividades típicas del día a día que se presenten en tu trabajo.

Debes ser lo más sincera posible. El cuestionario tendrá poco valor si no proporcionas una descripción precisa y objetiva de tu comportamiento.

Frente a cada afirmación, completa la casilla correspondiente con la puntuación que corresponda a tu elección, de entre las cinco respuestas posibles que se enumeran a continuación.

Completa con la puntuación:

4 - si estás definitivamente de acuerdo, es decir, si la afirmación describe con exactitud tus acciones
3 - si estás de acuerdo, es decir, si la afirmación describe tus acciones con una precisión razonable
2 - si estás indecisa, es decir, si no estás segura de que la afirmación describa tus acciones con exactitud
1 - si estás ligeramente en desacuerdo, es decir, si cree que la afirmación probablemente no describe tus acciones con exactitud
0: si estás en total desacuerdo, es decir, si la afirmación no describe en absoluto tus acciones.

Responde al cuestionario lo más rápidamente

posible y no dudes en utilizar la puntuación extrema cuando sea necesario.

Interpretación de Puntajes

El cuestionario indica el grado en que utilizas dos estilos diferentes de influencia en tu trabajo.

El recuadro A indica tu puntuación global para el estilo de influencia PULL (Estilo de Atracción).
El recuadro B indica tu puntuación para el estilo de influencia PUSH (Estilo de Empuje).

Tu puntuación final para cada estilo puede interpretarse de la siguiente manera:

54 - 72 *Usas definitivamente el estilo*
42 - 53 *Tiendes a utilizar el estilo*
30 - 41 *No utilizas ni evitas el estilo*
18 - 29 *Tiendes a evitar el uso del estilo*
0 - 17 *Evitas definitivamente el estilo*

Estilos de influencia - Push-Pull

Las investigaciones realizadas a lo largo de varios años sobre el comportamiento de las personas que influencian con eficacia, han revelado dos tipos básicos de influencia denominados PUSH y PULL.

Estilo Push

El estilo Push se caracteriza por el uso constante de tres tipos de comportamiento. El influenciador dedica el 70% o más de su tiempo a estas actividades:

- Proponer
- Brindar información
- Bloquear/Cerrar el Paso

La lógica del estilo Push es que la gente se deja influir por propuestas convincentes y bien respaldadas. Las claves para utilizar con éxito el estilo push son: la calidad de las propuestas; la información que se da; la capacidad de conseguir que esas propuestas sean escuchadas cerrando el paso a las demás.

El estilo push tiende a ser más efectivo bajo una o más de estas condiciones:

1. El receptor tiene poca experiencia o comprensión del tema y reconoce la necesidad de ayuda u orientación.
2. No hay intereses creados en el statu quo y el receptor no se siente amenazado por aceptar la propuesta.
3. El receptor reconoce la legitimidad de la base de poder del influenciador (por ejemplo, experiencia, posición, físico).
4. El receptor confía en los argumentos del influenciador.

Estilo Pull

El estilo Pull se caracteriza por la concentración en tres comportamientos diferentes. El influenciador dedica el 35% o más de su tiempo a las siguientes actividades:

- Evaluar la Comprensión
- Buscar Información
- Construir

El fundamento del estilo Pull es que las personas se dejan influir más fácilmente si se descubren sus necesidades, motivaciones, aspiraciones y preocupaciones. Las claves para el uso eficaz del Estilo Pull son: la calidad de las preguntas utilizadas para evaluar la comprensión y buscar información, y la capacidad de construir sobre ideas y propuestas.

El estilo Pull suele ser eficaz en la mayoría de las situaciones, pero es especialmente útil en las siguientes condiciones:

1. El receptor tiene opiniones y puntos de vista muy sólidos.
2. El receptor tiene un interés creado en el statu quo y podría tener dificultades para aceptar las propuestas del influenciador.
3. No se posee certeza acerca de lo que el receptor consideraría aceptable.
4. El influenciador no tiene una base de poder reconocida, o no desea utilizarla.
5. Es importante que el intento de influencia tenga un efecto duradero, es decir, el influenciador desea obtener algo más que la conformidad del receptor.
6. La relación entre las dos partes es nueva o existe un historial de desconfianza.
7. Los intentos anteriores de utilizar un Estilo Push han fracasado.

Los datos de la investigación sugieren que cuando se mezclan los estilos de Push y Pull durante un intento de influencia, el resultado es una disminución de la eficacia. Los dos estilos parecen anularse mutuamente. Por lo tanto, es importante elegir conscientemente un estilo concreto antes de intentar influir en el otro y ceñirse a ese estilo durante toda la reunión.

Por supuesto, es posible que un influenciador utilice un estilo diferente con el mismo destinatario en otra ocasión o después de un aplazamiento. A veces, los dos estilos pueden utilizarse conjuntamente si dos personas influyentes, que actúan en equipo, emplean cada una de ellas uno de estos estilos.

Ya hemos cubierto las habilidades de comunicación, ahora es el momento de profundizar en la comunicación propiamente dicha. En el próximo capítulo, hablaremos de cómo comunicarte eficazmente con tu equipo. La comunicación está estrechamente relacionada con la influencia, la credibilidad y el aumento de tu visibilidad. Al aumentar tus habilidades de comunicación, también aumentarás tu capacidad de influir, tu credibilidad y aprovechar tu visibilidad. ¡Serás imparable! ¡Te lo garantizo!

CAPÍTULO 6
CÓMO COMUNICARTE EFICAZMENTE CON TU EQUIPO

SI BIEN HEMOS PROPORCIONADO INFORMACIÓN SOBRE LA comunicación a lo largo de los capítulos anteriores, es especialmente importante que los líderes emergentes reconozcan lo esencial que es la comunicación efectiva con su equipo. Permíteme preguntarte lo siguiente: ¿cómo pretendes que tu equipo trabaje eficazmente y cumpla con los objetivos de alto rendimiento si no puedes comunicarles lo que esperas de ellos?

"En el trabajo en equipo, el silencio no es oro, es mortal".
~ Mark Sanborn

Como sugiere la cita, cuando se trata de tu equipo, más es mejor. Más comunicación, más apertura para escuchar y proporcionar feedback, y más claridad. La falta de comunicación puede ser mortal para tu equipo. En el capítulo 5, hablamos de que los líderes jóvenes que deben dirigir a varias generaciones de personas. Como líder emergente, tendrás que perfeccionar tus habilidades de comunicación para generar más impacto. Mejorar tu comunicación es un paso importante para dirigir con éxito a tu equipo.

A muchos líderes jóvenes les resulta difícil mantener el respeto y la autoridad cuando dirigen a empleados mayores que ellos. En este capítulo, nos centraremos en unos sencillos pasos para mejorar tus habilidades de comunicación cuando tienes que ejercer tu autoridad. ¡Es hora de que aprendas a comunicarte con coraje y confianza!

¿POR QUÉ ES TAN DESALENTADOR PARA UN LÍDER JOVEN DIRIGIR A LAS GENERACIONES MAYORES?

Si queremos resolver este problema, es importante entender por qué ha surgido en primer lugar. Para un directivo joven, los empleados de más edad suelen parecer intimidantes por tres razones:

1. Un empleado mayor tiene muchos años de experiencia laboral, y eso puede incluir varios con la empresa en la que trabajas actualmente.
2. El empleado con más edad y experiencia, tarda más tiempo en confiar plenamente en su nuevo y joven jefe. Al menos quieren ver alguna prueba de que sabes lo que estás haciendo.

3. Puede ser incómodo para ti, como líder más joven, dar instrucciones a un empleado mayor y experimentado, especialmente si eres nueva en el liderazgo.

¡Noticia de último momento! Si quieres liderar, ¡tienes que estar dispuesta a sentirte incómoda! Sí, los empleados de más edad pueden tener muchos más años de experiencia laboral en esta u otra organización. Pero tu experiencia es diferente a la de ellos e igual de valiosa. Tienes mucho que ofrecer y has trabajado duro para llegar a este punto de tu carrera. Tu expertise es liderar a otros, o al menos, lo será una vez que termines de leer este libro. Por lo tanto, al convertirte en una líder experta en la gestión de personas, si tu equipo está formado por empleados de generaciones mayores que tienen mucha experiencia, ¡pueden hacer grandes cosas juntos!

Si un empleado mayor no está dispuesto a respetarte, eso dice más de su carácter que del tuyo como líder. A veces se necesita tiempo para ganarte el respeto de tu equipo. Los buenos líderes lo entienden y se toman el tiempo necesario para conocer al equipo que van a dirigir. Si éste es el caso en tu equipo, ¡no te lo tomes como algo personal! La falta de predisposición es a menudo una respuesta basada en tus creencias disfuncionales o en tus miedos; tú tienes el poder de hacerles cambiar de opinión mostrándoles respeto y liderando efectivamente.

Así es. Puedes liderar a las generaciones mayores y ser respetada al mismo tiempo. No olvides que el respeto es una calle de doble sentido, pues no debe existir la falta de respeto en el lugar de trabajo. Si te comunicas bien y demuestras confianza en tus capacidades, acabarás ganándote el respeto de tu equipo. Debes ser paciente y consistente en tu gestión. Espero que esto te dé una idea de por qué dirigir a las generaciones mayores puede ser un reto, pero no imposible. Es importante ser consistente en tu papel de líder. La consistencia genera confianza, ¡y la confianza crea grandes equipos!

CÓMO GESTIONAR LA COMUNICACIÓN EFICAZMENTE COMO JOVEN LÍDER EMERGENTE

Como líder, debes ser capaz de gestionar la comunicación con eficacia. Puedes hacerlo de la siguiente manera:

- **No pierdas el tiempo en presunciones**

No pierdas el tiempo con las presunciones que haces... o las presunciones que crees que los demás hacen sobre ti. Se directa, honesta, educada, respetuosa y asegúrate de conocer los hechos antes de formarte una opinión. Conocer a tu equipo -y a la empresa para la que trabajas- te ayudará a conseguirlo. Una vez más, no te fijes en las presunciones que los demás puedan hacer sobre ti, simplemente céntrate en rendir al máximo ¡y harás que cambien de opinión con tu ética de trabajo!

- **Ten en cuenta las tradiciones**

A veces, existen tradiciones en un lugar de trabajo que son importantes para los empleados que han trabajado allí durante mucho tiempo. Tenlas en cuenta y participa de ellas. Si intentas alterar una tradición que es importante para los miembros de tu equipo, podrías causar conflictos, así que intenta ser comprensiva y respetar esas tradiciones manteniéndolas, a menos que sea absolutamente necesario hacer un cambio.

- **No impongas ni exijas, haz un esfuerzo por comprender**

Si empiezas a dirigir a tu equipo imponiendo órdenes, exigiendo y mandando a tus subordinados directos, tu equipo no funcionará de forma productiva. Ser líder es mucho más que mostrarles quién es el jefe. Tienes que inspirar, motivar y empatizar con tu equipo. Tómate el tiempo necesario para comunicarte, hablando con ellos y conociéndolos. Permite que se produzcan discusiones en el equipo si surgen nuevos proyectos, si surgen conflictos o si no se están cumpliendo los objetivos. Crear un entorno inclusivo, en el que todas las opiniones cuenten, puede aumentar la moral del equipo.

- **No te dejes perturbar por la edad**

La edad es sólo un número. Así que no dejes que te distraiga de hacer tu trabajo. Si te resulta difícil tratar con un subordinado mayor que tú, recuerda que tienes el deber de tratarlo de la misma manera que a tus otros subordinados directos. Aunque puedes dirigirte a ellos de forma diferente, debes ser directa y honesta. Te mereces estar en tu rol de líder, independientemente de tu edad.

- **Reconoce las preferencias generacionales**

Todos trabajamos de forma diferente, y es importante reconocer eso. Como líder, debes reconocer las preferencias generacionales para poder ser flexible en tu enfoque cuando sea necesario. Aunque podrías limitarte a ejercer tu autoridad, trabajar con los miembros de tu equipo te permitirá establecer relaciones y demostrarás que eres adaptable. Por ejemplo, si un miembro de tu equipo prefiere las llamadas rápidas en lugar de intercambiar correos electrónicos porque valora las conversaciones en persona, intenta adaptarte a su estilo de comunicación. Es importante reconocer que este tipo de diferencias generacionales existen y no son malas. En este ejemplo, una rápida llamada telefónica puede resolver en cinco minutos lo que con correos electrónicos podría llevar todo el día. Se puede perder mucho tiempo en las idas y venidas, mientras que una conversación rápida abordará el asunto y lo resolverá en un instante.

Comunicarse eficazmente con su equipo debería ser importante para todos los líderes, pero tú todavía estás tratando de construir tu credibilidad y ganarte el respeto de tu equipo, así que *¿cómo manejas la percepción que los demás tienen de ti?* ¡Hablemos de esto en el capítulo 7!

CAPÍTULO 7
CÓMO MANEJAR LA PERCEPCIÓN QUE TIENEN DE TI

P ROBABLEMENTE ESTÉS FAMILIARIZADA CON LA FRASE, "la percepción define la realidad", pero *¿te has planteado alguna vez qué es lo que significa realmente?* La percepción es el resultado de entender e interpretar algo. En otras palabras, es la interpretación que otras personas hacen de tu comportamiento, basándose en su sistema de creencias. Son las cosas que ellos creen que son ciertas. ¿Qué significa eso para ti? Significa que la gente evaluará tus habilidades y tu eficacia todo el tiempo. Observarán las cosas que haces y eso impactará en su realidad y en sus pensamientos acerca de ti, lo que creará su percepción de ti.

La percepción es algo muy personal, pero a menudo las cosas no son lo que parecen. Un mismo acontecimiento puede tener muchas interpretaciones diferentes. Por eso este capítulo se centra en cómo pueden los líderes manejar las percepciones.

LAS MÚLTIPLES INTERPRETACIONES DE UN MISMO ACONTECIMIENTO

Las personas suelen interpretar los acontecimientos de diferentes maneras. Consideremos la siguiente fábula:

Había una vez un granjero que tenía un caballo, y ese caballo se escapó. Sus vecinos lo consolaron, esperando que estuviera enfadado y triste. El granjero se limitó a decir: "Ya veremos. ¿Quién puede saber lo que es bueno y lo que es malo?".

A la semana siguiente, el caballo volvió y trajo consigo docenas de caballos salvajes. Él y su hijo los acorralaron a todos. Sus vecinos comentaron su buena suerte. Esperaban que estuviera feliz, pero de nuevo el granjero dijo "Ya veremos. ¿Quién puede saber lo que es bueno y lo que es malo?".

Al día siguiente, uno de los nuevos caballos le quebró las piernas al hijo del granjero al pisotearlo. Sus vecinos dijeron que lo sentían. Esperaban que estuviera disgustado, pero una vez más el granjero dijo: "Ya veremos. ¿Quién puede saber qué es bueno y qué es malo?".

No mucho después, el país estaba en guerra. Reclutaron a todos los jóvenes sanos en el ejército para luchar. Como estaba herido, el hijo del granjero no fue llamado. Durante esta terrible guerra, casi todos los soldados murieron. Los vecinos del granjero le felicitaron porque su hijo no fuera a la guerra. Esperaban que se sintiera feliz y aliviado, pero la respuesta del padre siguió siendo la misma. "Ya veremos. ¿Quién puede saber lo que es bueno y lo que es malo?".

¿Cuál es la moraleja de esta historia? La percepción no siempre es correcta, pero sin dudas, puede parecer muy real. Los acontecimientos que sus vecinos veían como malos influyeron en otros acontecimientos que dieron lugar a que ocurriera algo positivo. El caballo regresó con otros caballos al principio de la historia, lo que fue estupendo para el granjero. A veces los acontecimientos positivos dan lugar a algo malo, como el hecho de que el hijo del granjero fuera pisoteado por los otros caballos. ¿Quiénes somos nosotros para saber realmente si algo es bueno o malo? ¡Las cosas simplemente ocurren!

Tu interpretación de la vida y sus acontecimientos suele dictar cómo te sientes. Los vecinos de la historia se apresuran a juzgar la situación que vive el granjero, pero él tiene cuidado de no dejarse arrastrar por esos juicios. Él comprende que hay múltiples interpretaciones para cada acontecimiento de la vida. Al igual que él, tú puedes elegir cómo te sientes con respecto a las cosas. Tienes el control de tu propia narrativa.

Todo este concepto te ayudará a comprender el impacto de tu mente y cómo se ve moldeada por tus propias experiencias en la vida.

CÓMO EL MANEJO DE LAS PERCEPCIONES HARÁ QUE TE DESTAQUES FRENTE A OTROS LÍDERES

¿Sabes cómo utilizar tu capacidad de gestionar las percepciones para destacarte frente a otros líderes? Una de las formas de hacerlo es controlando tu propia narrativa. Esta es una de las mejores habilidades que puedes desarrollar, que no sólo te ayudará como líder, sino también como persona. Al elegir qué camino tomar, adquieres el control. Esto puede ser empoderador, ya que no permites que tu energía sea controlada por los acontecimientos, lo que te libera para hacer elecciones que aumenten tus niveles de energía. Controlar la narrativa revela tu confianza y demuestra tu audacia. Los demás reconocerán esto en ti.

Cuando controlas la narrativa, tienes la capacidad de elegir la que más te empodere. Por supuesto, tiene que ser una narrativa veraz. No es bueno enterrar la cabeza en la arena y negarte a ver la realidad. Lo mismo ocurre con el hecho de ignorar los acontecimientos negativos porque quieres promover el pensamiento positivo. Se trata de lidiar con los acontecimientos y entender que la narrativa no es fija y darte cuenta de que es tu perspectiva la que determina tu experiencia. ¡Siempre tienes el control de tu perspectiva!

Hay retos a los que te enfrentarás cuando controles tu propia narrativa. El principal problema al que se enfrentan los jóvenes líderes que han intentado hacerlo, es el hecho de que nuestros cerebros procesan las percepciones automáticamente. Eso significa que controlar tu narrativa requiere práctica, ya que tienes que reprogramar tu mente para interpretar las cosas de otra manera. Llevará tiempo y esfuerzo, pero ser consciente puede desempeñar un papel fundamental a la hora de alterar lo que decides percibir. Una vez que cambies conscientemente lo que decides percibir -y cómo-, empezarás a darte cuenta de tus respuestas automáticas y evitarás que tu propia reacción inicial se produzca de forma instantánea. Ser más consciente te permite ganar control.

CÓMO MANEJAR LAS PERCEPCIONES

La forma en que la gente te percibe como líder es importante. Las percepciones mal gestionadas se convierten en rumores, que a su vez se convierten en chismes, y entonces se forma una historia falsa. Esto puede ser devastador para tu entorno de trabajo, por lo que es importante que manejes las percepciones de los demás. Pero, ¿cómo manejas las percepciones que los demás tienen de ti?

Si tu objetivo es influir, liderar y comunicarte bien con los demás, el primer paso es entender cómo te perciben los otros, para poder corregir cualquier percepción que no se ajuste a lo que realmente eres. Esto se puede lograr de la siguiente manera:

- **Obteniendo feedback de los demás:** al pedir un feedback, estás invitando a los demás a compartir su percepción de ti. Luego, puedes dedicar algún tiempo a la autorreflexión, considerando la opinión que has recibido. Estar dispuesta a analizar los comentarios requiere compromiso y valor, pero si estás dispuesta a ser abierta, los resultados serán exitosos.
- **Cumpliendo con tu palabra:** esto te permitirá motivar a tu equipo y actuar con convicción. Tus acciones deben coincidir con tus palabras.

Es conveniente comunicarles las razones que hay detrás de tus decisiones y hacerlo continuamente. Dales el "por qué" detrás del "qué". También debes cumplir con tus actos y demostrar que los demás pueden confiar en ti y tomarte la palabra. Si no lo haces, dejarás mucho espacio para la interpretación, y puede que te perciban como una persona poco confiable.

- **Siendo consciente de cómo influyes en los demás:** como líder, tienes que ser consciente del impacto que pueda tener el estrés en ti y de cómo lo perciben los demás. Debes tener visibilidad y mostrarte disponible tanto en los momentos difíciles como en los buenos, de modo que puedas responder a las preguntas, mantener discusiones o celebrar con tu equipo. ¡Muéstrate como líder en todo momento y permite que tus subordinados directos lo vean! *Ver para creer*, como se suele decir.

Aunque parezca obvio, vale la pena decirlo: si los demás no te perciben como su líder, no te seguirán. Lo más probable es que opten por marcharse, adicionando estrés y más costos de contratación. También afectará a la eficacia y el rendimiento de tu equipo. Por lo tanto, es fundamental asegurarte de que se te perciba de la forma correcta, tan pronto como sea posible, ya que las malas percepciones se pegan como el barro y son mucho más difíciles de modificar posteriormente.

Ahora bien, antes de pasar a la sección II, por favor, ¡deja de hacer lo que estás haciendo ahora mismo! ¿Estás disfrutando de este libro? ¿Está sacando provecho de él? Si has respondido "Sí" a ambas preguntas, entonces por favor, dirígete a Amazon.com, ve a *"Tu cuenta - Pedidos - Escribe una reseña del producto"*. Ayudarás a muchas otras increíbles nuevas líderes femeninas, a decidirse a comprar este libro, y a aprender cómo marcar realmente la diferencia. Tu reseña puede hacer que eso ocurra. Así que, no esperes, publica tu reseña ahora, incluso si sólo le das 5 estrellas, eso es suficiente para que alguien elija este libro y tome una decisión que transforme su carrera.

SECCIÓN II – LIDERA A LAS PERSONAS

Como líder, está claro que tienes la responsabilidad de dirigir a los demás. Una parte de tu rol es mantenerlos comprometidos y motivados. Aunque es importante liderarte a ti misma, también debes liderar a tus subordinados directos. A menudo, las personas se desvinculan debido a la falta de un liderazgo eficaz.

Recuerda...

"No inspiras a tu equipo mostrándoles lo increíble que eres, inspiras a tu equipo mostrándoles lo increíbles que son".
~ Robyn Benincase

Esta sección se centra en liderar a las personas de la manera más efectiva, para que puedas motivarlos y animarlos a rendir al máximo. Explorarás cómo convertirte en una mejor líder liderando seres humanos, comprendiendo la importancia de la autenticidad y estudiando las estrategias clave que te permitirán proporcionar el feedback a tus subordinados directos de la manera más impactante.

Tendrás la oportunidad de desarrollar aún más tus habilidades de liderazgo, analizando las estrategias de comunicación y mejorando la seguridad psicológica de tu equipo. También cubriremos cómo puedes implementar tácticas de motivación reconociendo y destacando, y luego perfeccionando tu capacidad de delegar como líder.

Dirigir a las personas es una oportunidad para que un gran líder ayude a los demás a crecer. Tu capacidad para dirigir eficazmente a tus subordinados directos, puede modificar positivamente a tu equipo y la filosofía de tu lugar de trabajo.

Analicemos esto primero...

CAPÍTULO 8
CÓMO LIDERAR SERES HUMANOS

NUESTROS EMPLEADOS SON SERES HUMANOS, Y ES IMPORTANTE que no perdamos eso de vista como líderes. En este capítulo, descubrirás cómo liderar a los seres humanos teniendo en cuenta las aspiraciones y los sueños de tus subordinados directos, así como sus miedos e inquietudes. Cada uno de ellos es una parte esencial de la naturaleza humana y, para liderar correctamente, un líder eficaz debe incorporar su humanidad a su estilo de liderazgo.

También exploraremos tu humanidad como líder para que puedas construir conexiones fuertes y duraderas con tu equipo y con las demás personas que componen tu organización.

En nuestro mundo ultraconectado, paradójicamente, con frecuencia, nos encontramos menos conectados que nunca. Es nuestra responsabilidad como líderes fomentar y abrazar la conexión dentro de nuestro equipo. ¡Aumentar la conexión humana hará que la empresa tenga más éxito y aumente su rendimiento!

¿QUÉ PUEDE APORTAR EL "HUMANISMO" A MI ESTILO DE LIDERAZGO?

Como líder, hay cinco formas clave en las que puedes aportar humanidad a tu estilo de liderazgo:

1. Eres humana, y es importante que muestres esta faceta tuya al liderar. Tu equipo necesita ver tu verdadera personalidad. Sí, eso incluye también tus defectos. Mostrarnos como somos naturalmente, nos hace ver accesibles. Tu experiencia te ayuda a desarrollar tu estilo de liderazgo. Así que, al abrirte, estás incitando a los demás a hacer lo mismo y esto potenciará la conexión humana.

2. Se consciente de ti misma. Ya hemos hablado de la autoconciencia en este libro. Dedicar tiempo a reflexionar y tomar conciencia de lo que hacemos bien -o no tan bien- es algo positivo. Muchas personas no tienen conciencia de por qué hacemos las cosas que hacemos, o por qué decimos las cosas que decimos, pero sin dudas, esto es algo sobre lo que tenemos que reflexionar si queremos ser más conscientes de nosotros mismos. Si nos analizamos a nosotros mismos con regularidad, podremos liderar con compasión y empatía, lo que nos hará capaces de

construir conexiones humanas a lo largo del camino.

3. Comprende a los demás. A veces las personas se comportan de una determinada manera y nosotros simplemente no las "comprendemos". Pero si quieres aportar humanidad a tu estilo de liderazgo, al menos tienes que intentar hacerlo. Céntrate en quiénes son, más que en lo que hacen, y aprécialos. Se compasiva con ellos, para que sepan que pueden y se sientan capaces de confiar en ti. Recuerda incluir a los miembros de tu equipo en las discusiones sobre temas de trabajo y conocer lo que piensan. Promover la inclusión y solicitar su opinión puede ayudarte a entenderlos mejor y a mejorar la conexión humana.

4. ¡Sé amable! Ser líder no te excusa de ser educada, amable y cortés con los demás. Es una expectativa común que tenemos frente a los demás, y esto demuestra también nuestro aprecio por ellos. Un simple "gracias" puede hacer que nuestros subordinados directos se sientan mucho mejor sobre el trabajo que han hecho.

5. Se una líder visible y accesible. Tradicionalmente, los líderes y los directivos no se dejaban ver muy a menudo. Hoy en día esto ya no es así. Por lo tanto, si esperas que tu equipo se comunique y rinda bien, debes tener visibilidad y los miembros de tu equipo

deben sentir que pueden acercarse a ti. Puedes utilizar tu conexión humana para construir un equipo feliz y productivo.

Un viejo proverbio sugiere que para ser un gran líder, primero hay que convertirse en un buen ser humano. ¡Esto es muy cierto! Si conectamos con los demás y abrazamos nuestro lado humano, ayudaremos a otros a prosperar y a triunfar, porque se sentirán capaces de lograr cualquier cosa.

Incorporar la humanidad a la forma de liderar tiene muchos beneficios, así que vamos a explorar esto antes de cerrar este capítulo.

¿CUÁLES SON LOS BENEFICIOS DE UN LIDERAZGO HUMANISTA?

Tradicionalmente, los líderes y directivos han dirigido a sus equipos mediante la calificación o el miedo, pero los líderes de hoy tienen una perspectiva más completa. Los líderes modernos son conocidos por su creatividad, innovación y capacidad para potenciar a los demás. Este tipo de líderes tienen muchos beneficios para la organización.

1. El principal beneficio de adoptar una actitud humanista al liderar, es que esta impulsará el compromiso de los empleados. Esto significa que las personas serán más productivas en su trabajo, ya que estarán plenamente involucrados en lo que están haciendo. De

este modo, la empresa podrá atraer a los mejores candidatos. Esto significa que la persona correcta tiene las habilidades adecuadas para hacer su trabajo, y es capaz de aportar un enfoque fresco a la empresa. Si un líder nutre a su equipo, los posibles empleados se enterarán de la cultura de la organización y de cómo esta valora a sus empleados, lo que la hará más atractiva a la hora de captar nuevos talentos. Esto, a su vez, incrementará la imagen positiva de la organización en el mercado.

2. Responderán bien al cambio. Las empresas cambian constantemente. Si adoptas un enfoque más humano, los miembros de tu equipo responderán a los cambios de una manera mucho más efectiva. Harán preguntas, hablarán sobre el cambio, estarán abiertos a nuevos cambios y desafíos, y se sentirán incluidos en el proceso de cambio.

3. Formarán futuros líderes. Al relacionarte con humanidad, incentivando el desarrollo de tu personal, estás ayudando a formar a la próxima generación de líderes. Esto significa que la empresa podrá promover a sus propios empleados, y la organización tendrá menos costos de contratación, ya que estos estarán contentos ¡y querrán quedarse!

Sin dudas, mostrando compasión, siendo empáticas y abrazando nuestro lado humano, podemos liderar de una manera que ayudará a los demás a crecer. ¡Esta es una situación en la que todos ganamos! Se beneficia el empleado, dándole la posibilidad de crecer y desarrollarse, al líder, que tendrá un equipo confiable y comunicativo, y a la empresa que crecerá y gozará de una imagen más positiva como resultado. ¡Todo eso es porque estás siendo TÚ!

Cuando eres una líder a la que los demás quieren seguir, cambias las reglas del juego. Sin embargo, eso no significa que no seas vulnerable y que no cometas errores de vez en cuando... ¡porque todos somos humanos! Hay una lección que aprender en cada bache del camino. Un líder competente se apropia de esta realidad. La acepta, la convierte en parte de su propio viaje de aprendizaje y utiliza sus errores para aprender de ellos y para enseñarle a los demás.

En el próximo capítulo, nos centraremos en cómo puedes proporcionar un feedback eficaz como líder. Aquí también es importante la humanidad. ¿Por qué? Porque si quieres que tus subordinados directos se conecten realmente contigo y tomen en cuenta tu feedback, puedes usar lo que has aprendido en este capítulo para desarrollar la forma en que lo proporcionas.

CAPÍTULO 9
LAS 7 ESTRATEGIAS DE FEEDBACK - ¿CUÁL ES LA MEJOR PARA TI?

E L FEEDBACK ES UNA PARTE ESENCIAL DEL LIDERAZGO. UNA VEZ que encuentras una estrategia ganadora, puedes empezar a utilizarla en beneficio de tus colaboradores directos, de la organización y el tuyo propio. Como líder, tienes que dar un feedback directo y eficaz. Debe mejorar el rendimiento de tus empleados y motivarlos a crecer y desarrollarse.

El objetivo del feedback es motivar a los empleados, no desanimarlos. Hay 7 estrategias efectivas que puedes utilizar al dar feedback a tus empleados para asegurarte de que sea realmente impactante.

¿Por qué es tan importante el feedback?

Los líderes capaces de proporcionar un feedback constructivo a sus subordinados directos:

- Estimulan su motivación
- Mejoran su rendimiento
- Fomentan su crecimiento
- Promueven la lealtad
- Aumentan su compromiso
- Mejoran el relacionamiento y la moral del personal
- Proporcionan una forma estratégica de aconsejarlos y orientarlos, impulsando su crecimiento

El impacto del feedback depende de cómo se *proporciona*. Este es el factor determinante entre el éxito y el fracaso. Muchos empleados se toman el feedback sólo como una crítica. Como líder, depende de ti enmarcar la conversación de la forma adecuada para evitarlo. Si el feedback es negativo o vago, puede desmotivar a los empleados. Incluso los comentarios positivos pueden ser contraproducentes y convertirse en negativos si los empleados sienten que son elogios sin fundamentos o poco sinceros.

ESTRATEGIAS EFICACES DE FEEDBACK

Tu tarea más importante a la hora de dar feedback, es hacerlo de una manera que funcione para ti y para tus subordinados directos. Es tu trabajo sacar el máximo provecho de la conversación, por eso te recomiendo que utilices las siguientes estrategias para entregar el feedback de la manera más efectiva.

1. **Orientado al objetivo:** Esto significa que des el feedback a tus subordinados directos, organizando una mini-sesión de feedback. Te debes centrar en el objetivo final, y mantener una discusión centrada en cómo el empleado puede alcanzar ese objetivo. A través de tus habilidades de comunicación en el lugar de trabajo reflejarás esta estrategia.

2. **Tangible:** es cuando proporcionas un feedback específico y tangible, que nuevamente, se relaciona con un objetivo final. Una de las quejas más comunes sobre el feedback es que es vago. Por lo tanto, si quieres proporcionar un feedback tangible, debes ser directa y específica. Di "has hecho un buen trabajo con el informe que me preparaste ayer..." y luego puedes referirte a algo, en concreto, que te haya gustado.

3. **Ejecutable:** es cuando se proporciona un feedback que se centra en algo sobre lo que se pueden actuar de inmediato. Un líder puede encontrar que tiene que cambiar comportamientos, en este caso, necesita proporcionar una dirección clara. Si un empleado es grosero con otros empleados, tendrá que identificar de qué forma está siendo grosero, es decir, centrarse en el comportamiento (acción) no en la persona: ¿qué hizo exactamente? Al señalar el comportamiento específico, es más fácil cambiarlo. Decirles simplemente que han sido

"groseros" con su colega no les ayudará a cambiar.

4. **Enfocado:** Un líder debe ser claro y directo. Un error común de los gerentes es hacer una lista de todos los problemas y archivarla, para luego discutirlos todos a la vez. Los problemas y conflictos deben abordarse a medida que surgen, y directamente. Juntarlos es un error, ya que se sentirá más como un ataque a la persona que como un feedback. Como resultado, esta se sentirá infravalorada. Mantente centrada en lo más importante y enfócate en una o dos cosas a la vez. Recuerda asignar plazos para comprobar los resultados y objetivos planteados.

5. **Oportuno:** es mejor dar el feedback en el momento, sobre todo si se trata del momento en que se descubre que alguien está haciendo algo bien. Si reconoces su mérito en público, refuerzas ese comportamiento positivo ante los demás miembros del equipo. La retroalimentación positiva es un poderoso motivador, pero asegúrate de no discutir públicamente nada que sea de naturaleza constructiva. Es mejor hablar de eso en privado.

6. **Regular:** El feedback es algo que un líder debe proporcionar de forma regular. No se trata sólo de un evento anual, guardado para las evaluaciones y las revisiones anuales del rendimiento. Para que sea impactante, debe

ser regular. La mejor manera de proporcionarlo es mediante una conversación individual, en el momento, cuando sea necesario o cuando la ocasión lo requiera. Las conversaciones periódicas de feedback garantizan que los subordinados directos mantengan un alto rendimiento. Si un líder o gerente tiene interacciones regulares con un empleado, es tres veces más probable que ese empleado esté comprometido con su trabajo. Esto ayuda a construir relaciones dentro del equipo también, y muestra que te involucras con tu equipo.

7. **Consecuente:** Es importante que seas coherente a la hora de proporcionar el feedback. Los lugares de trabajo conllevan a veces enormes presiones, pero como líder, debes sacar tiempo para interactuar con su equipo y proporcionarle feedback de manera constante. Es tu responsabilidad dedicar tiempo en tu día a asegurarte de que estás proporcionando el feedback necesario. Mantén una estrategia de retroalimentación y cúmplela. Hazte un tiempo en tu agenda. Es extremadamente importante. Sin él, tu equipo no rendirá al máximo de su capacidad. Les faltará dirección y motivación. Piensa en el feedback como en señales de tráfico claramente identificadas. Sin ellas, ¡todos estaríamos dando vueltas en círculos!

Proporcionar un feedback eficaz a tu equipo y a tus subordinados directos, es una forma efectiva de gestionar tu equipo y aumentar su motivación y rendimiento. Si el feedback es constructivo y coherente, notarás una gran diferencia. Esto se debe a que tu personal se siente apreciado y valorado. Como resultado, se establecen relaciones positivas y tus subordinados directos crecerán y progresarán. Toda la organización se verá beneficiada. Las empresas que proporcionan un feedback consistente, disfrutan de un aumento del 8,9% en su rentabilidad, según un informe realizado por *Gallup*.

Como nueva líder eficaz, la retroalimentación constante no es un lujo, sino una obligación. También debes considerar la autenticidad que le aportas a tu rol de líder. Este es el tema central del próximo capítulo.

CAPÍTULO 10
CÓMO APORTAR AUTENTICIDAD A TU LIDERAZGO

TODOS QUIEREN UN LÍDER EN EL QUE PUEDAN CONFIAR Y DEPENDE de ti construir esa confianza con tus subordinados directos. Una líder auténtica obtiene resultados, y -porque es genuina- desarrolla constantemente su estilo de liderazgo y dirige con un propósito.

"Un líder auténtico no es un buscador de consensos, sino un moldeador de consensos". ~ Martin Luther King. Jr.

Cuando eres una líder auténtica, la gente responde. Seamos sinceras, ¡eso es lo que todos queremos ver! Ser capaz de romper el molde y convertirse en una de las nuevas generaciones de líderes, significa que realmente entiendes lo que se necesita para liderar a la gente.

En este capítulo, exploraremos cómo puedes llevar la autenticidad al liderazgo y los beneficios que esta conlleva. Para saber el "cómo" y el "por qué", tenemos que considerar primero lo que significa ser una líder auténtica.

¿QUÉ SIGNIFICA SER UNA LÍDER AUTÉNTICA?

A veces, las personas entran en una posición de liderazgo y tratan de ser algo que no son. Si intentas ser una persona diferente de la que eres, la gente lo notará. Tarde o temprano, tu verdadera personalidad saldrá a la luz. Puede que tu verdadera personalidad sea justo lo que te ha recetado el médico... pero si nunca la muestras, nunca lo sabrás. Los demás cuestionarán tu autenticidad, lo que hará que desconfíen de ti.

La autenticidad significa que eres fiel a ti misma, ante todo, independientemente de las situaciones y las barreras a las que te enfrentes. Al transformarte en líder, mostrar quién eres de verdad se convierte en un imperativo. Las situaciones difíciles y las opiniones idealizadas que se forman los demás, suelen dificultar que los líderes se ganen el respeto genuino o estén a la altura de sus expectativas. Trazar tu propio camino es a la vez emocionante y desconcertante. Decidas lo que decidas, hazlo rápido. Así podrás equivocarte rápidamente y mejorar tu estilo de liderazgo también rápidamente.

Ser auténtica no siempre es fácil, ya que las situaciones difíciles en las primeras etapas del liderazgo pueden ponernos a prueba y desafiarnos.

Ser auténtica significa que eres:

- Honesta
- Genuina

• Fiel a ti misma

Si intentas ser algo distinto a eso, no estás siendo auténtica. No lo hagas. La autenticidad es importante, especialmente en las funciones de liderazgo, así que vamos a abordar algunos de sus beneficios. Estos beneficios no son sólo para ti, sino también para tu equipo.

LOS BENEFICIOS: ¿POR QUÉ NECESITAMOS UNA LÍDER AUTÉNTICA?

Para que los demás confíen plenamente en nosotras, tenemos que ser auténticas. Esto juega un papel importante a la hora de aumentar tu credibilidad y visibilidad. Se suele decir que los líderes que actúan de forma auténtica son convincentes y carismáticos. De este modo, un líder auténtico impone orgánicamente el respeto y fomenta la buena voluntad.

La honestidad es la mejor política en los negocios y en la vida. Como líder, eres una mentora para los demás. La gente te admira. Debes ser un modelo de autenticidad para que los demás te sigan, te respeten y confíen en ti. Entonces empezarán a reflejar tu comportamiento y a actuar de forma similar. La autenticidad genera autenticidad.

El liderazgo auténtico te permitirá ganarte una buena reputación, y esto se verá reflejado positivamente en la organización.

CÓMO DESARROLLAR LA AUTENTICIDAD EN TU ESTILO DE LIDERAZGO

Hay algunos pasos que debes seguir si es importante para ti aportar autenticidad a tu liderazgo. Los grandes líderes comprenden la importancia de construir relaciones auténticas con sus subordinados directos. Lo hacen de la siguiente manera:

1. **Siendo más conscientes de sí mismos:** esto es esencial para todo líder. Debes conocer tus fortalezas y tus debilidades, así como tus motivaciones y tus valores. El proceso de autodescubrimiento puede comenzar con tu propia historia, pero debe modificarse a medida que vas aprendiendo. Requiere de feedback, de profundizar en tus fortalezas, desarrollar la inteligencia emocional y explorar tus debilidades o carencias.

2. **Comprendiendo tus valores personales:** reflexionar sobre tu vida personal te ayudará a comprender mejor tus principios, valores y pasiones. Luego, podrás aprender a aplicar tus pasiones, lo que influirá en tu forma de dirigir. Tener una escala de valores personales sólidos, es la base que alimenta tu fuego y te permitirá convertirte en una líder más segura y eficaz.

3. **Equilibrando tus motivaciones:** cuando empieces a explorar tus valores personales y a aumentar tu autoconocimiento, podrás comprender mejor lo que te motiva. Existen dos tipos de motivaciones: extrínsecas e intrínsecas. Las motivaciones extrínsecas son

una respuesta común a la hora de medir tu
éxito. Se trata de cosas tangibles, como un
auto, una casa, dinero, etc., que son grandes
motivadores a corto plazo. Sin embargo, las
cosas materiales no mantienen la motivación
de forma continua. Los líderes a menudo
comienzan a sentir una falta de realización
debido a la falta de significado, ya que los
motivadores extrínsecos no nos mantienen
motivados a largo plazo. Las motivaciones
intrínsecas son más significativas. Están
estrechamente vinculadas a tus valores
personales, lo que significa que te
proporcionan una sensación de plenitud de la
que carecen los motivadores extrínsecos. Es
importante que encuentres el equilibrio
adecuado entre ambos. Asegúrate de estar
motivada por cosas tangibles y de sentirte
realizada por cosas intrínsecas.

4. **Encuentra y desarrolla tu equipo de apoyo:**
   los líderes no pueden tener éxito por sí solos,
   necesitan el apoyo y el consejo de otras
   personas. A estas personas se les suele llamar
   "patrocinadores" porque su papel es ser la
   persona que te cubre las espaldas y que
   patrocina tus ideas de mejora o cambio. A su
   vez, los líderes auténticos crean equipos que
   se apoyan mutuamente y se mantienen
   centrados. Un equipo así rinde más, ya que se
   proporcionan mutuamente retroalimentación,
   una amplia gama de perspectivas

equilibradas y, como resultado, están más comprometidos. El líder entrena y desafía a su equipo de forma auténtica.

5. **Equilibrio personal y laboral:** un líder es equilibrado y coherente en todas las áreas de su vida cuando es realmente auténtico. Son buenos para equilibrar su vida personal y sus habilidades de liderazgo efectivo, y ambas realidades a menudo se entrelazan en el viaje hacia la autenticidad. Permite que esto ocurra, y al mismo tiempo sigue siendo profesional. Una vez que hayas construido relaciones laborales sólidas con los miembros de tu equipo, te darás cuenta de cuándo están siendo afectados por el agotamiento. Equilibrar las exigencias del trabajo y la vida personal es difícil en el mejor de los casos, pero actualmente, se ha vuelto mucho más difícil desde que la mayoría de la gente trabaja desde casa. Hablaremos de esto con más detalle en el capítulo 27.

6. **Recuerda tus raíces:** si un líder está siendo auténtico, necesita permanecer con los pies en la tierra en su vida personal. Es importante que pases tiempo con tu familia y amigos, que hagas ejercicio, disfrutes de tus aficiones y te comprometas con ello. Las prácticas espirituales también pueden ayudar con esto, ya que te recordarán tus valores, de dónde vienes, y te permitirán conducirte hacia tus objetivos y pasiones. Esto es realmente útil si

quieres que tu autenticidad sea sostenible. Así que, ¡hazlo valer, y haz que dure!

7. **Inspira y empodera a los que te rodean:** una vez que hayas aumentado tu autoconciencia, puedes utilizar esa autenticidad para inspirar y empoderar a los demás. Los líderes auténticos crean una cultura de lealtad y confianza, y no temen ser vulnerables y mostrar sus emociones... ¡todos somos humanos! De este modo, inspirarás a tus subordinados directos a liderar o asumir nuevas funciones y retos. Como resultado, la organización retendrá y desarrollará a sus mejores talentos, a la vez que atraerá a otros empleados altamente calificados con las mismas visiones, valores y objetivos. Es un hecho que los líderes auténticos producen resultados sostenibles, que ayudan al crecimiento de la organización.

Mientras el desarrollo de tu estilo de liderazgo auténtico requiere valor y honestidad, reflexionar sobre tus propias experiencias, comprender tus valores y motivaciones, y apropiarte de tu historia, puede ayudar a fortalecerte en tu rol de líder. Te permitirá ganar confianza y empoderar a los demás. Aprender a ser una líder auténtica y abrazar tu estilo de liderazgo te aportará equilibrio. ¡Es un viaje impactante y esencial que debes hacer para reforzar tu posición como líder eficaz!

CAPÍTULO 11
DESBLOQUEA LA ACTIVACIÓN DE EMPLEADOS A TRAVÉS DE LA SEGURIDAD PSICOLÓGICA

TIENES LA RESPONSABILIDAD DE HACER PROGRESAR A TUS subordinados directos. Esto tiene muchos beneficios para ti, para la empresa y para los propios empleados. Pero no siempre es fácil. Una forma de hacerlo es desbloqueando la activación de los empleados. Exploremos lo que significa esto.

La activación de los empleados permite que éstos creen y compartan de forma orgánica y auténtica contenidos sobre los temas que les interesan. Esto es importante, ya que asegura que tus empleados estén totalmente comprometidos, sean constructivos y dignos de confianza. Básicamente, les estás ayudando a ser auténticos y óptimamente productivos. Una forma eficaz de desbloquear la activación de los empleados es a través de lo que se denomina "seguridad psicológica". La seguridad psicológica se produce cuando los empleados se sienten capaces de hablar y expresar sus ideas, preocupaciones y errores, todo ello sin temor a represalias. Tus colaboradores directos sólo lo harán si creas un entorno que les transmita seguridad.

Una de las formas más efectivas de construir relaciones positivas con los clientes y establecer tu marca como líder de pensamiento, es a través de la activación de los empleados. Por lo tanto, analizaremos con exactitud qué es la activación de los empleados, cómo puedes promoverla a través de la seguridad psicológica y cómo puede beneficiarte a ti como líder, así como a la empresa.

Como líder, debes guiar bien a tu equipo y animarlo a trabajar de la mejor manera posible para el negocio. Esto es impactante, ya que se sentirán alentados a generar confianza y fuertes conexiones con los clientes. En este capítulo, nos centraremos en cómo puedes utilizar el concepto de seguridad psicológica para estimular a tus empleados y hacer que trabajen de forma que beneficie a todos.

Exploremos algunos de esos beneficios...

LOS BENEFICIOS DE LA ACTIVACIÓN DE LOS EMPLEADOS

Permite construir relaciones positivas - la forma más efectiva para construir relaciones positivas con los clientes y establecer tu marca como líder de opinión es a través de la activación de los empleados. Se trata de una tendencia de marketing muy popular que impulsa los esfuerzos de marketing de la empresa y fideliza a los clientes.

Aumenta la innovación - es más probable que la innovación tenga lugar cuando los empleados se sienten capaces de hablar, asumir riesgos inteligentes y pensar de forma creativa.

Permite una mayor retención de los empleados- si promueves la felicidad de tus empleados, es probable que permanezcan más tiempo en la empresa. Crear un entorno en el que se sientan capaces de hablar, valorados y desafiados, te dará más probabilidades de retenerlos en la empresa. Esto también será más fácil para ti, ya que puedes crear un equipo en el que puedas confiar y al que puedas conocer. Para la empresa, es mucho más rentable, ya que la contratación puede ser un proceso costoso y largo.

Mejora el rendimiento y la productividad- es un hecho conocido que una plantilla más feliz rinde más y es más productiva. Se dice que la productividad aumenta hasta un 25% como resultado de la activación de los empleados.

Mejora de la reputación- los equipos felices y de alto rendimiento contribuyen a la empresa y permiten aumentar su reputación, especialmente si la empresa promueve desde dentro. Todos queremos formar parte de una organización en la que sentimos que tenemos un futuro y podemos contribuir al éxito.

La buena reputación aumenta la retención de los empleados en un 18%.

Hemos hablado de los beneficios de la activación de

los empleados, pero aclaremos lo que significa la activación de los empleados.

¿QUÉ ES LA ACTIVACIÓN DE LOS EMPLEADOS?

Como he mencionado anteriormente, la activación de los empleados puede ser un programa -o simplemente una oportunidad- para que los empleados compartan libremente información entre ellos y con su líder, que les permita crecer y desarrollar sus conocimientos y habilidades. En esencia, hace que la mente del empleado se active. Consideremos el término "activar". Significa que algo se ha vuelto operativo o activo. Como líder, estarás esencialmente encendiendo sus mentes como un interruptor.

La activación de los empleados les anima a participar, crear y compartir contenidos sobre temas que les interesan y que mejoran su desarrollo. Muchas organizaciones utilizan esto como una herramienta de marketing. La idea es que los temas que les interesan se relacionen con su trabajo, lo que puede ayudar a la empresa a reforzar su marca, al tiempo que entusiasma a los clientes potenciales sobre la posibilidad de hacer negocios con tu organización.

Este concepto es mucho más profundo que el de marketing, porque, en muchos casos, eleva la moral y se traduce en un mayor rendimiento de la inversión.

Hay muchas formas de activar a tus subordinados directos. Puedes ofrecerles una sólida formación, un seguimiento del trabajo y desafiarlos ofreciéndoles la oportunidad de participar en un proyecto de trabajo o en la resolución de problemas dentro de la empresa. En este capítulo, nos centraremos en cómo puedes activar a tus subordinados directos mediante la seguridad psicológica.

UTILIZA LA SEGURIDAD PSICOLÓGICA PARA ACTIVAR A LOS EMPLEADOS

La seguridad psicológica se produce cuando tus colaboradores directos confían en que pueden compartir sus opiniones, preguntas, ideas, errores y preocupaciones sin ser avergonzados, castigados o humillados. Para hacerlo bien, los miembros de tu equipo deben sentir que su lugar de trabajo es un entorno seguro. Puedes facilitarlo asegurándote de que el ambiente de la empresa dentro del equipo sea un ambiente de aceptación, abierto, y honesto.

Sólo el 30% de los empleados siente que sus opiniones se tienen en cuenta en el trabajo. Esto puede causar problemas, ya que tus subordinados directos pueden sentirse infravalorados o no escuchados, lo que reduce aún más la moral y la productividad en el lugar de trabajo. Esto también puede tener un impacto mental en tus empleados: si se sienten estresados, es posible que no se expresen.

Es tu trabajo asegurarte de adoptar un entorno psicológicamente seguro para tu equipo y para todos los equipos. A cambio, los empleados trabajarán con eficacia y se sentirán capaces de expresar sus opiniones. Los entornos seguros también promueven otras características que crean un equipo eficaz, como el aumento de la confianza y la responsabilidad, la provisión de estructura y claridad dentro del equipo, y el hecho de dar al equipo un propósito y un significado. A su vez, todo esto aumenta el impacto del equipo, ya que cada miembro sabe que su trabajo cuenta.

A nivel individual, la seguridad psicológica activa a tus subordinados directos, ya que promueve una cultura de trabajo de alto rendimiento, fomenta el compromiso y propicia un mayor nivel de colaboración. También anima a los empleados a explorar orgánicamente nuevas formas de creatividad y desarrolla sus habilidades de pensamiento.

LOS DOS INGREDIENTES PRINCIPALES PARA LA SEGURIDAD PSICOLÓGICA

Hay dos ingredientes principales para fomentar un lugar de trabajo psicológicamente seguro. Estos son los siguientes:

1. **Escuchar:** Debes que escuchar lo que los empleados tienen para decir y dejar tiempo y espacio para compartir ideas y opiniones. Todo el mundo debe tener la oportunidad de participar, y es importante que los empleados sean conscientes de que su tiempo y su aporte cuentan. Ninguna idea es una tontería. Incluso puedes tener un buzón de sugerencias o un foro compartido en línea para que el personal publique sus ideas y opiniones.

2. **Empatía:** es una buena idea ponerte en el lugar de los empleados y fomentar un entorno abierto, animando al personal a ser abierto mentalmente y a apoyarse mutuamente. La empatía es un factor clave de la seguridad psicológica, así que no te limites a asentir con la cabeza, escucha de verdad y ten en cuenta conscientemente sus puntos de vista. Puedes hacerlo resumiendo la conversación con tus propias palabras, haciendo preguntas y tomando notas. Esto demuestra que reconoces y valoras su aporte.

Si tu objetivo es crear un entorno psicológicamente seguro, entonces escuchar activamente y mostrar empatía es la clave. Esto es realmente predicar con el ejemplo. En capítulos anteriores hemos hablado de la diversidad, y es importante recordar que esto también ayuda a fomentar la seguridad psicológica, ya que garantiza que nadie se sienta excluido.

Al adoptar la seguridad psicológica, se creará un equipo de personas de alto rendimiento comprometidas, que entienden su propio valor. Expresarán con facilidad sus puntos de vista y conocimientos únicos, y empezarás a notar un cambio cultural dentro de la organización a medida que tu equipo se "active". Esto significa que los empleados empezarán a estar más comprometidos e inspirados, y los miembros de tu equipo progresarán y desarrollarán sus habilidades mucho más rápido y con más facilidad. Cuando tus empleados estén activados, serán capaces de comprometerse e inspirar a tus clientes también. Si este es el tipo de equipo que quieres, no tienes más remedio que crear un entorno psicológicamente seguro.

Ellos se lo merecen. Tú te lo mereces. La empresa se lo merece. ¡Esta es una situación en la que todos ganan!

CAPÍTULO 12
FOMENTA LA COMUNICACIÓN ASCENDENTE

L A COMUNICACIÓN ASCENDENTE ES CADA VEZ MÁS popular, ya que otros métodos más tradicionales lo son cada vez menos. Aunque probablemente no hace falta que te diga lo importante que es la comunicación en la empresa, vale la pena mencionar que la comunicación dentro de la empresa -especialmente la comunicación ascendente- es clave.

La comunicación ascendente puede ser intimidante porque desafía la cultura de una organización y cambia la forma en que los empleados perciben las figuras de autoridad. Los líderes que están abiertos a este tipo de comunicación, tienen más probabilidades de saber lo que ocurre en la empresa porque los canales de comunicación están abiertos.

En este capítulo, nos centraremos en la importancia de la comunicación ascendente, los retos que conlleva y cómo podemos fomentarla en el lugar de trabajo. Una vez que fomentes este enfoque como líder, descubrirás que tus subordinados directos encontrarán más fácil compartir sus ideas, proporcionar feedback y plantear sus preocupaciones en su día a día.

¿QUÉ ES LA COMUNICACIÓN ASCENDENTE Y POR QUÉ ES IMPORTANTE PARA MÍ?

La comunicación ascendente es la forma en que los empleados se comunican directamente con quienes ocupan un puesto más alto. Por ejemplo, es la forma en que los miembros de tu equipo se comunican contigo, con otros líderes, con los gerentes y con los líderes senior. Tradicionalmente, la comunicación era descendente. Los gerentes se comunicaban con sus superiores. Pero la comunicación ascendente es cada vez más importante en las empresas con visión de futuro.

La comunicación ascendente anima a los demás a compartir sus ideas, a dar su opinión y a plantear cualquier preocupación relevante. Es una forma de que las empresas permanezcan informadas de lo que ocurre dentro de la organización. Fomenta la inclusión, la participación y el compromiso. SIS International Research señala que las empresas pierden más de 525.000 dólares cada año como resultado de una comunicación ineficaz entre los gerentes y sus empleados. Por lo tanto, la comunicación está demostrando ser más importante que nunca.

Las organizaciones que fomentan la comunicación ascendente se benefician, porque proporciona transparencia en el lugar de trabajo, facilita la toma de decisiones, da a los empleados una mejor experiencia en el trabajo y garantiza una mejor colaboración en equipo. Cuando un empleado siente que puede hablar, es mucho más probable que confíe en la organización y en las personas que la integran. La mejora de la comunicación crea un entorno más saludable dentro del ambiente de trabajo, y esto mejora el compromiso y la retención del personal, ya que éstos se sienten valorados e incluidos. Los gerentes y líderes que aceptan los comentarios de sus empleados, descubren que las relaciones se afianzan, especialmente si esto da lugar a que el líder responda adecuadamente o tome medidas positivas en respuesta.

La comunicación ayuda a los empleados y a los líderes a alinearse con la visión, la misión y los objetivos de la empresa. Unos canales de comunicación sólidos, permiten que todos se comprometan y se aseguren de que se esfuerzan por alcanzar un objetivo o una meta común. Los empleados estarán dispuestos a compartir sus conocimientos y a colaborar si se sienten valorados e incluidos, ya que ellos también fomentarán este enfoque. Comprobarás que comparten habilidades y conocimientos y se ayudan mutuamente a desarrollarse con mayor libertad y frecuencia. Aportan sus propios conocimientos y experiencias, y de este modo, tiene un efecto positivo en el rendimiento general de la organización.

No hay duda de que la comunicación ascendente conduce a la innovación porque los empleados aspiran a desarrollar todo su potencial. Como líder, debes reconocer la importancia de dar voz a tus empleados. Por supuesto, la comunicación ascendente no está exenta de desafíos... así que veamos algunos de ellos.

LOS DESAFÍOS DE LA COMUNICACIÓN ASCENDENTE

El principal desafío de la comunicación ascendente es conseguir que todo el mundo se sienta involucrado avanzando en contra de los métodos tradicionales. Hacer la transición no suele ser fácil, ya que hay varios problemas que se pueden encontrar:

1. **Falta de voluntad.** A veces, tus subordinados directos pueden sentirse poco dispuestos a iniciar este proceso, ya que no les resulta fácil. A veces se considera que hablar es desafiar a la autoridad, y es posible que los empleados no quieran hacerlo al principio porque no les parece natural. Debes conseguir que se sientan cómodos al hacerlo.

2. **Miedo.** los empleados suelen tener miedo de que, si comunican a sus superiores sus problemas, puedan verse afectados negativamente. Esto será más fácil a medida que la práctica se consolide, pero puede que te lleve algún tiempo generar confianza primero.

3. **Pasar por alto tu autoridad.** Debido a la naturaleza de la comunicación ascendente, tus subordinados directos podrían decidir hacer una sugerencia o compartir ideas con tu superior. Esto puede ser difícil para la persona

que ha sido ignorada, y podría causar una confrontación. Asegúrate de estar totalmente preparada para que esto ocurra y no te lo tomes como algo personal. Háblalo con tu subordinado directo y averigua cómo pueden evitarlo la próxima vez. Una vez que entiendas sus razones, podrás evitar que se repita en el futuro.

4. **Uso excesivo.** En ocasiones, tus empleados pueden utilizar en exceso la idea de la comunicación ascendente para ponerse en contacto con los líderes y gerentes. Es posible que se comporten de una manera impertinente, que interrumpa la cadena de mando. Aunque la comunicación ascendente es innovadora, hay que mantener un equilibrio y los empleados deben considerar cuándo es apropiada y cuándo no.

5. **Cometer errores.** A veces, los empleados no conocen todos los aspectos de la empresa, por lo que pueden cometer errores al comunicar determinada información o datos, ya que hay cosas que pueden no haber considerado. Esto puede resultar embarazoso y puede afectar su confianza a la hora de comunicar hacia arriba. ¡Puedes animarles a que pidan consejo si no están seguros!

Aunque la comunicación ascendente conlleva algunos retos que debes afrontar como líder, sigue mereciendo la pena fomentar este método de comunicación.

Sigamos adelante y hablemos de cómo puedes fomentar la comunicación en el lugar de trabajo de la manera correcta.

CÓMO FOMENTAR LA COMUNICACIÓN ASCENDENTE EN EL LUGAR DE TRABAJO

Tu papel es fomentar la comunicación ascendente e impulsarla. Existen algunas formas de fomentarla... Lo más importante es conseguir que los demás líderes y gerentes se sumen, ya que su cooperación es crucial, y el enfoque debe ser coherente. Puede ser difícil para los gerentes animar a sus empleados a alzar la voz.

Aunque no se puede forzar, sí se puede crear una cultura de comunicación abierta -que incluya a gerentes y líderes- que promueva la interacción entre todo el personal, a través de líneas de comunicación abiertas. De este modo, como los foros de grupo y las políticas digitales de puertas abiertas, los empleados pueden comunicarse sin miedo.

Para hacer la transición a la comunicación ascendente, es conveniente entender a los empleados y su estado de ánimo. Recuerda que puede resultarles incómodo al principio, pero debes seguir trabajando en la comunicación y animarles a adaptar sus esfuerzos. Asegúrate de que sea relevante pero adecuadamente personal. Por ejemplo, refiérete a ellos por su nombre y, si tienes una idea de en qué han estado trabajando, pregúntales cómo les está yendo. Demostrar que estás interesada en ellos puede facilitar la comunicación, pero asegúrate de elegir el tipo de comunicación adecuado.

¿Será suficiente un correo electrónico o una reunión, o es mejor una charla individual?

Los empleados pueden evitar la comunicación cuando están en grupo, así que asegúrate de crear oportunidades para que todos puedan expresar sus preocupaciones, comentarios o ideas. Abre canales para que hagan preguntas o comenten tus anuncios. Si animas a tus subordinados directos a crear y compartir sus propios contenidos, fomentarás la comunicación, ya que los empleados serán los que conduzcan la narración de forma orgánica. Tú podrás entonces dirigir la conversación y darle un propósito.

Otra forma de fomentar la comunicación ascendente, es siendo auténtica y accesible. Ya estás familiarizada con la autenticidad, pero si eres amable y has creado una cultura de comunicación abierta, a tus empleados les resultará mucho más fácil acercarse a ti. Mostrarte como eres verdaderamente, ayudará a aliviar cualquier inquietud y ansiedad que puedan sentir sobre la comunicación ascendente. Tendrás que seguir siendo auténtica y mantener a tus empleados al día con todo el contenido interno inspirador que te sea posible. Esto los mantendrá comprometidos y se sumarán a la adopción de la comunicación ascendente.

Hacer un seguimiento de este proceso puede ayudarte a descubrir qué funciona y qué no, a la hora de motivar a tu equipo. Evaluarlo, te ayudará a revisar la diferencia que la comunicación ascendente está suponiendo para el equipo y la organización. Si comprendes lo que está motivando a tus empleados, podrás utilizar estos datos para tomar e impulsar futuras decisiones.

La comunicación es importante en los negocios, especialmente cuando se necesita transmitir información o solicitarla. Tan importante como la comunicación en el lugar de trabajo, es la delegación. En el próximo capítulo, hablaremos de las formas en que puedes sentirte más cómoda delegando.

CAPÍTULO 13
DELEGA COMO UNA PROFESIONAL

L A CAPACIDAD DE DELEGAR ES UNA HABILIDAD CLAVE QUE SE exige a todos los líderes y gerentes. Como líder, debes ser capaz de asignar tareas de forma adecuada. Esta capacidad mejorará tanto tu rendimiento, como el de tu equipo.

Delegar no consiste simplemente en decir a los demás lo que tienen que hacer o cómo lo tienen que hacer. Es un acto estratégico que requiere contemplación, pero a veces también requiere rapidez mental. En este capítulo, consideraremos por qué es tan importante delegar, cómo superar las barreras a las que nos enfrentamos como líderes cuando asignamos tareas a otros, y cómo delegar eficazmente. La capacidad de delegar, demuestra el conocimiento que tenemos de nuestros subordinados directos y de sus habilidades. Al final de este capítulo, te sentirás capaz de hacerlo con confianza y te sentirás segura de tus decisiones a la hora de delegar.

¡Empezaremos explorando las razones por las que esto es tan importante!

¿POR QUÉ DEBEMOS DELEGAR?

La capacidad de delegar es una habilidad empresarial clave que todos los líderes y directivos deberían dominar. Es una cualidad de liderazgo que demuestra que conoces a los miembros de tu equipo y lo que son capaces de hacer. Un estudio de Gallup descubrió recientemente que las empresas dirigidas por CEOs que delegan con confianza y eficacia, obtienen mejores resultados y logran una mayor tasa de crecimiento. Probablemente te preguntes a qué se debe esto, pero se puede resumir en una sola afirmación...

¡¡¡La delegación hace que las cosas se hagan!!!

Ya hemos hablado de conocer a tus subordinados directos y de sus capacidades. Al utilizar este conocimiento para asignar el trabajo al empleado más adecuado, te asegurarás de que el trabajo correcto sea realizado por la persona adecuada. Esa persona es la que tiene más probabilidades de tener éxito y, por lo tanto, estás garantizando que el proyecto se realizará correctamente y a tiempo. Esto tiene numerosos beneficios tanto para el individuo, como para todo el equipo:

- Los proyectos se completarán a tiempo y dentro del presupuesto.

- El miembro de tu equipo se sentirá capacitado, ya que le has preparado para ganar.

- Los demás miembros del equipo aprenderán de la autonomía y los puntos fuertes de ese empleado, lo que les animará a pensar de forma más creativa y a enfocar las cosas de forma diferente. También les animará a querer participar.

- Tú estás demostrando que puedes depositar tu confianza, al asignar una tarea importante a un miembro específico del equipo. Tu equipo reconocerá entonces que son una parte importante del conjunto.

- Mejorará la eficiencia, ya que ningún líder puede hacer todo en todo momento, lo que aumentará la moral del equipo y mejorará su rendimiento.

La delegación también tiene beneficios para ti. Te permite liberar parte de tu tiempo para poder ocuparte de asuntos más urgentes. También te motiva a priorizar tus tareas y -aunque seguirás supervisando la tarea- también capacitas a tu equipo y le ayudas a desarrollar nuevas habilidades. A medida que vayas depositando tu confianza en tus empleados, comprobarás que ésta se desarrolla. Por tanto, es mutuamente beneficioso y ayuda a reforzar las relaciones.

SUPERA LAS BARRERAS

Hay algunas barreras a las que puedes enfrentarte como líder inicial al delegar, sobre todo si es algo que no has hecho nunca anteriormente y no es una habilidad que te resulte natural. Requiere de paciencia y práctica, pero no es nada que no puedas manejar. De hecho, ya has trabajado en algunas habilidades de liderazgo clave que te ayudarán a conquistar los desafíos que puedas estar enfrentando en tu rol. Los dos principales obstáculos a los que puede enfrentarse un líder cuando delega son la reticencia y la incertidumbre (no saber en quién delegar). Exploremos más a fondo esta cuestión.

A veces, cuando una da instrucciones a otro miembro del equipo para que haga algo, puede enfrentarse a la reticencia. Puede que no sepan cómo llevar a cabo una tarea específica o que aún no hayas generado la suficiente confianza. Ser una figura de autoridad respetada por tu equipo es importante, así que asegúrate de que la base sea sólida. Confía en que la persona que realiza la tarea es capaz de hacerlo, recibe apoyo y quiere que el equipo tenga éxito. Asegúrate de que la persona a la que le confías una tarea sea alguien con quien ya has empezado a generar confianza. Establece objetivos claros y chequea regularmente que se mantiene en el camino.

Otra barrera común para la delegación eficaz, es la de considerar cuál de tus subordinados directos tiene las habilidades adecuadas para completar la tarea en cuestión. A la hora de asignar tareas, debes preparar a los miembros de tu equipo para que tengan éxito, no para que fracasen. Cuando conozcas a tu equipo y sepas cuáles son sus fortalezas, esto será mucho más fácil. A veces, se necesita un poco de tiempo para perfeccionar esto, pero se puede hacer. Empieza con tareas más pequeñas y fáciles, de menor importancia, y empieza a aumentar su dificultad o nivel de importancia. De este modo, podrás aumentar tu confianza a la hora de asignar tareas a los miembros de tu equipo y también fomentarás el desarrollo de tus subordinados directos.

CÓMO DELEGAR EFICAZMENTE

La delegación eficaz es una de las transiciones más difíciles que debe hacer un líder, ya que tiene que pasar de su papel de "colaborador individual" a permitir que otros realicen las tareas de forma competente e independiente, y a confiar en ellos. Cuando un líder es nuevo, muchos colegas, pares y gerentes de niveles más altos, admiran su capacidad para arremangarse y hacer el trabajo, pero sólo puedes hacer eso durante un tiempo. Aunque al principio quieras aferrarte a las tareas más tácticas, tienes que aprender a desprenderte de ellas y confiar en tu equipo. Esto es difícil -incluso para un líder experimentado-, así que no te sientas mal si te resulta difícil al principio. La clave es practicar y mantener un diálogo abierto con tu equipo sobre sus progresos.

Para la mayoría de los líderes y gerentes, las responsabilidades se vuelven mucho más complejas a medida que pasa el tiempo. Nuestras tendencias humanas, como la de no querer herir ni ofender a nadie, hacen que nuestro trabajo sea más cada vez más difícil... pero hay que seguir siendo eficiente. La delegación eficaz garantiza que esto ocurra, de lo contrario corres el peligro de convertirte en una gran colaboradora y no en la líder que necesitas ser. Si trabajas para involucrar a tu equipo y los motivas a contribuir, sus acciones pueden aumentar tu presencia. Esto elevará tu potencial de liderazgo. A menudo descubrirás que disfrutan contribuyendo con las prioridades compartidas y que, como resultado, mejorarán su producción de trabajo. Recuerda, ¡esto es algo bueno! Depende de ti formar líderes más eficaces.

Si realmente quieres preparar el terreno para una delegación eficaz, debes ser clara y firme. Tú moldearás la forma en que tus subordinados directos perciben las tareas que les encomiendas, al tiempo que les anima a apropiarse de ese trabajo. Hay cinco principios que puedes seguir para asegurarte de delegar con eficacia:

- Expresa por qué algo es importante para ti
- Aclara tus expectativas: ¿las has comunicado con claridad?
- Pregunta cuánto necesitas involucrarte: ¿están dispuestos a tomar las riendas?
- Practica el "no".
- Pídeles que fijen objetivos y plazos (obviamente, con tu colaboración)

Es importante que no te centres en la ejecución, así que evita considerar el panorama general del liderazgo y mantente centrada en el ahora. Si muestras confianza al delegar, siguiendo estos principios, el trabajo se hará porque las personas adecuadas se centrarán en las tareas adecuadas.

Delegar eficazmente no sólo genera confianza, sino que otorga poder a tu equipo y fomenta el desarrollo profesional. Además, en el proceso aprenderás más sobre tus subordinados directos y podrá empezar a averiguar quién es el más adecuado para abordar proyectos o tareas específicas. Asignar tareas e instruir a otros, son componentes clave de la función de un líder: no puedes ni debes hacerlo todo tú misma. En el próximo capítulo, hablaremos de cómo aumentar la motivación de los empleados a través de la promoción y el reconocimiento. Como líder poderosa tienes la capacidad de inspirar a otros a liderar, ¡seguro que estás preparada para *este* reto!

CAPÍTULO 14
DESTACA Y RECONOCE EFICAZMENTE

A VECES PODEMOS VERNOS CONSUMIDAS POR NUESTRO TRABAJO. Esto significa que no siempre tenemos tiempo para reconocer el trabajo de nuestro equipo. Tu personal merece un reconocimiento por sus contribuciones y su dedicación, ya que eso garantiza el éxito de la empresa. De vez en cuando, necesitan sentirse apreciados y reconocidos. Como líder, puedes utilizar el reconocimiento para ayudar a motivar a tus empleados. Esto nunca ha sido más importante que ahora, la época de la "gran dimisión".

El Spotlight es un importante motivador, y es una excelente herramienta que puede utilizarse para mostrar tu aprecio en un entorno público.

En este capítulo, nos centraremos en cómo puedes destacar a tus empleados a través del Spotlight de forma efectiva y exploraremos los diferentes tipos de reconocimiento, los beneficios del reconocimiento y otras posibles ideas de recompensa. Reconocer a los miembros de tu equipo sirve como afirmación positiva, lo que les ayuda a transformar su subconsciente y les anima a adoptar una perspectiva más positiva. Esto tiene un impacto positivo en la empresa, ya que el optimismo aumenta la productividad y el rendimiento.

¡Demos a nuestros empleados el reconocimiento que se merecen!

TIPOS DE RECONOCIMIENTO A LOS EMPLEADOS

El problema del reconocimiento es que cada empleado lo acepta de forma diferente. Mientras que algunos prefieren un elogio sutil, a otros les gusta que sea público. Es importante que todo líder tenga en cuenta este aspecto a la hora de mostrar su agradecimiento. Veamos algunas de las diferentes formas en las que puedes elogiar a los demás:

- **En Privado o Socialmente**. Algunas personas prefieren un elogio sutil de forma privada, mientras que otras prefieren ser elogiadas delante de los demás. Debes adaptar tu estilo de reconocimiento a las necesidades de tus subordinados directos.
- **Anónimo o Atribuido.** El reconocimiento anónimo es sutil, y muchas personas prefieren este estilo; sin embargo, por lo general se proporciona de manera que se sepa a quién va dirigido. Colocar una nota de agradecimiento en el escritorio de alguien, un comentario en

el boletín de la empresa o dar un reconocimiento anónimo a alguien es una forma poderosa de elogiar a tus subordinados directos. Aunque algunas personas apreciarán estos gestos anónimos, otras preferirán saber quién les da el reconocimiento.

- **Superior o Par.** Aunque es bueno ser superior, la mayoría de la gente también aprecia cuando viene de sus colegas/compañeros de equipo. El reconocimiento de todos los niveles se siente bien, y un líder puede animar a su equipo a reconocer y elogiar a los demás también.
- **Logros o Comportamiento.** Los líderes suelen elogiar a los demás basándose en logros o parámetros específicos, pero es bueno reconocer el comportamiento positivo general de los demás. Por ejemplo, si un compañero trabaja horas extra para cumplir un plazo, o si hace un esfuerzo adicional por un cliente o compañero de trabajo.

Tienes que descubrir cómo prefieren tus colegas/empleados recibir su reconocimiento. Si conoces los distintos tipos, podrás adaptar tu estilo a las preferencias de tus subordinados directos. Esto garantizará que se sientan orgullosos de su trabajo y a mantenerlos motivados. Destacar mediante un Spotlight es una gran manera de animar a tus subordinados directos a brillar y tener éxito. Independientemente de lo que decidas hacer, recuerda que debes hacerlo con autenticidad. Tu reconocimiento debe ser significativo para la persona que lo recibe. Es una buena práctica hacerles saber por qué se les está reconociendo. El reconocimiento poco auténtico no suele tener éxito.

DESTACAR Y SUS BENEFICIOS

Un spotlight destaca los logros, los éxitos, la personalidad, la trayectoria y los aniversarios, estos son factores importantes para el éxito en el desempeño de tus empleados. Al ponerlos bajo el foco, destacándolos, estás mostrando su reconocimiento públicamente contándole al mundo quiénes son tus mejores empleados y cómo han contribuido a la empresa.

Un líder que destaca a sus empleados muestra cuánto los aprecia y el papel fundamental que estos desempeñan en el éxito de la empresa. Las ventajas del spotlight son las siguientes:

- **Impulso de las estrategias de contratación.** Los spotlight sobre los empleados ayudan a las empresas a atraer a los mejores. Esto significa que tiene una mano de obra de alta calidad y que sus empleados están más motivados para brillar.
- **Garantiza que la conexión con los empleados sea significativa.** Cuando tienes la oportunidad de entrevistarte y escribir sobre tus subordinados directos, llegas a conocerlos mejor y, por lo tanto, es más probable que te comuniques con mayor

eficacia y rompas cualquier barrera de comunicación. Esto permite a los líderes establecer conexiones más significativas con sus empleados.

- **Aumenta el compromiso y el alcance de las redes sociales.** Descubrirás que los spotlight de empleados son muy populares en las redes sociales, y es más probable que otros los compartan. El empleado puede compartir las buenas noticias con sus familiares y amigos. Este tipo de contenido tiene mucha más repercusión que los anuncios de ventas, y constituye una declaración positiva sobre la empresa, ya que parece que apuesta firmemente en su gente.
- **Ayuda a ganar contratos de clientes potenciales.** Un spotlight de empleados, permite a la empresa crear una imagen más humana. Por lo tanto, si te presentas a una licitación o trabajas con otra empresa, la decisión del cliente puede basarse en quién cree que es el más adecuado. *¿Preferirías trabajar con una empresa que aprecia a cada uno de sus empleados, o con una organización sin una cultura sólida?*
- **Mejora la reputación de la empresa.** El spotlight de empleados demuestra que inviertes tiempo y dinero en tus empleados. Esto demuestra que tu empresa se preocupa por su gente. Otros clientes y empresas se darán cuenta de ello, y mejorarás tu imagen

pública, lo que puede ayudar a atraer tanto a posibles empleados como a clientes.

- **Mejora de las relaciones existentes con los clientes.** Tus spotlights no se utilizan simplemente para conseguir nuevos contratos o clientes, sino que también pueden ayudar a mejorar las relaciones existentes. Los clientes existentes pueden reafirmar su compromiso de trabajar contigo, e incluso podrían aprovechar la oportunidad de comprometerse con tu marca o con el personal de forma más estrecha.

CÓMO CREAR UN SPOTLIGHT DE EMPLEADOS

Muchos líderes no están seguros de cómo crear un spotlight de empleados. En realidad, este es un proceso sencillo. Debes plantearte tres preguntas clave:

- **¿A quién destacar?** Cualquier persona de tu empresa podría ser destacada mediante un spotlight, así que asegúrate de ser inclusivo, ¡a menos que hayan expresado que no quieren ser incluidos! Si un empleado quiere participar, asegúrate de icluir a una amplia sección de tu equipo. ¡Debes recordar que todo el mundo merece ser reconocido! Por lo tanto, busca otras formas de reconocimiento en privado.
- **¿Qué debes incluir en un spotlight?** Hay muchos elementos que deben incluirse en un

spotlight de empleados: una foto del empleado, su nombre/cargo y una cita directa. Considera la posibilidad de añadir más detalles. Esto ayudará a que el lector se involucre en el spotlight, ya que es probable que quiera saber más. Por ejemplo, puedes incluir una descripción detallada de su función e indicar cuánto tiempo lleva trabajando para la organización. A continuación, debes considerar algunas preguntas y respuestas relacionadas con su trabajo (antes de cubrir cosas como sus aficiones fuera del trabajo). Depende de ti, como líder, ayudar a tus empleados a brillar, así que no dudes en hacer otras preguntas. Intenta averiguar datos interesantes. Puedes preguntar a tus empleados sobre la cultura de la empresa, por qué les gusta su trabajo y/o su función, y qué ventajas tiene la empresa para ellos. Puedes hacerlo en forma de sesión de preguntas y respuestas por escrito, o en una entrevista grabada en vídeo o de audio. Tienen que dar a conocer al mundo exterior, de forma auténtica, lo que se siente al trabajar para tu organización. No te centres demasiado en la sección preguntas y respuestas. Que sea corta, cálida y fresca. No tengas miedo de hablar más sobre cualquier cosa interesante que haya compartido tu empleado.

- **¿Dónde debes publicar tu spotlight?** ¡EN TODAS PARTES! No tengas miedo de publicar los spotlight de tus empleados por todas partes, desde tus sitios web hasta las páginas o grupos de Facebook, o incluso publicarlos en el blog de tu empresa. Facebook, Twitter y LinkedIn son grandes plataformas que puedes utilizar si quieres que tus spotlights lleguen a una audiencia comprometida. Incluso puedes utilizar fragmentos para publicitar toda la entrevista del spotlight. Los vídeos pueden subirse a la cuenta de YouTube de tu empresa y compartirse desde allí.

Es un hecho, los spotlight de empleados transforman las empresas, así que esto es algo que sin duda puedes tomarte el tiempo para hacer. Los beneficios para el empleado, tu empresa y para ti como líder son infinitos.

OTRAS IDEAS PARA PREMIAR A LOS EMPLEADOS

Hay otras formas de motivar a tus empleados, como ofrecerles recompensas. Una forma de hacerlo es reuniendo a los miembros de tu equipo y pidiéndoles que nominen a la persona que creen que ha sido la persona con mejor desempeño en la semana anterior y por qué. A continuación, comentar juntos los logros y premiar a quien haya obtenido el mayor número de nominaciones.

Algunas empresas nombran a sus empleados en su página web para felicitar a aquellos que han tenido un rendimiento destacado, por ejemplo, el empleado del mes. Esto puede ser similar a un spotlight, ya que el posteo reconocerá a los empleados en otros aspectos de su vida además de su trabajo. Un libro de notas y comentarios del equipo también puede funcionar bien, donde la gente puede dejarse mutuamente mensajes, en los que se compartan logros o felicitaciones por un acontecimiento personal o profesional. Estos mensajes pueden leerse en la reunión semanal del equipo, e incluso se puede incluir el bienestar personal o la salud como categoría.

El reconocimiento puede adoptar muchas formas, pero las más eficaces son las públicas. La celebración conjunta de los logros, aumenta el espíritu de equipo. Como líder, debes asegurarte de que los incentivos o las recompensas estén en consonancia con los valores fundamentales y el mensaje de la empresa.

Ahora que hemos hablado de cómo puedes liderar a tus subordinados directos, estamos a punto de pasar a la sección III y hablar de cómo liderar a tu equipo como una unidad completa. ¡Es hora de ser la líder que tu equipo merece!

SECCIÓN III – LIDERANDO UN EQUIPO

No cabe duda de que los equipos son el fiel reflejo de sus directivos y líderes. Por lo tanto, si eres una gerenta eficaz y proactiva, aumentarás las posibilidades de éxito de tu equipo. No siempre es fácil dirigir un equipo heterogéneo, especialmente al principio. Es probable que todavía estés desarrollando tus propias habilidades, mientras se espera que inspires y promuevas el desarrollo de cada uno de tus empleados... ¡es una gran responsabilidad! Pero, sin duda, es una responsabilidad que puedes asumir.

"El liderazgo consiste en hacer que los demás sean mejores como resultado de tu presencia y asegurarte de que ese impacto perdure en tu ausencia". ~ Sheryl Sandberg

Siendo una nueva líder gestionando un equipo, debes aprender a conocer y gestionar individualmente a tus subordinados directos. También es importante que aprendas a dirigirlos a todos juntos, como una unidad. Esto acercará a tu equipo, y como resultado, trabajarán más eficientemente para conseguir los objetivos comunes, ayudándose y apoyándose mutuamente de forma más consistente. Esta sección se centra en cómo puedes crear tu visión de equipo y cómo darle vida a esa visión. Se trata de conocer a tu equipo y su forma de trabajar, al tiempo que se exploran sus fortalezas y sus debilidades. También exploraremos la sincronización de los objetivos, la importancia de la confianza dentro del equipo y las formas en que puedes entrenar a tu equipo para alcanzar la excelencia. Tenemos mucho que hacer, así que comencemos.

CAPÍTULO 15
LA VISIÓN COMPARTIDA.
CÓMO LLEVARLA A LA
PRÁCTICA

ODO EL MUNDO TIENE UNA VISIÓN. UNA EMPRESA TIENE UNA visión, sus gerentes y líderes tienen una visión, y los empleados de la empresa también. ¿Cuál es el problema? Es que estas visiones no siempre están alineadas.

Este capítulo explora cómo crear una visión clara y cómo se puede utilizar para inspirar a los demás para que puedan compartir ese sueño. Así podrán alinearse, lo que dará lugar a que todos trabajen por los mismos objetivos y tengan expectativas similares.

Tu visión es tu ideal. Es el objetivo visual al que aspiras en el futuro. Tienes que averiguar cómo vas a llegar a él ahora. Imagina que quieres escalar el Monte Everest dentro de un año. En primer lugar, tendrías que averiguar cómo entrenar y prepararte para tal evento. Una vez que tengas un plan de entrenamiento, tendrás que encajar ese plan en tu agenda actual y asegurarte de que llegas a la fecha límite.

Dirigir un equipo no es tan diferente: se necesita un plan de acción eficaz.

Pero, ¿cómo nos aseguramos de que nuestros nuevos proyectos se alinean con nuestra visión, y cómo podemos utilizar esto para inspirar a nuestro equipo? Veamos esto con más detalle...

¿CÓMO PODEMOS ASEGURARNOS DE QUE TODO ESTÉ ALINEADO?

Tener una visión clara inspirará a tu equipo. Puedes darles el sentido de dirección que necesitan para tener éxito y alcanzar sus objetivos. Tu visión es la base de la fijación de objetivos y la planificación de acciones. Por ello, debe ser sólida. Al emprender un nuevo proyecto, hay tres cuestiones que debes tener en cuenta:

1. ¿Cómo puedo asegurarme de que mis objetivos diarios, mis tareas y mi visión estén alineados?
2. Cuando las cosas se pongan difíciles, ¿qué me mantendrá motivada?
3. ¿Quién me proporcionará apoyo?

Los líderes más innovadores son capaces de crear una descripción inspiradora de hacia dónde quieren llevar a su organización para que los demás les sigan y apoyen sus esfuerzos. Esa es su visión, y la alineación es el resultado de que los demás se sumen a ella. *Pero no siempre es fácil...*

Tu sueño debe alinearse con la empresa y sus empleados. Tiene que ser viable y buscar lo mejor para todos los implicados. De lo contrario, te arriesgas a perder tu valioso tiempo convenciendo a la gente de que acepte tu idea. En la mayoría de los casos, las personas cumplen con su trabajo, en lugar de comprometerse con la causa. Una visión compartida da energía al equipo, lo que fomenta el compromiso y la motivación. La clave es asegurar que tu proyecto se convierta en la visión del equipo, y puedes conseguirlo aumentando su nivel de participación en su desarrollo.

Cuanto más profundo sea el plan, más probable será que el equipo lo acepte. Tienes que encontrar la manera de que los miembros del equipo crean en tu visión... porque si no se involucran todos, estarás librando una batalla perdida. ¡Tu visión sólo se hará realidad si los demás están dispuestos a hacerla suya también!

11 PASOS A SEGUIR SI QUIERES QUE LOS MIEMBROS DE TU EQUIPO SE ALINEE CON TU VISIÓN

Conseguir que otros se alineen con tus sueños, significa que tienes que invertir tiempo, ya que esto requiere un gran compromiso. Hay 11 pasos que puedes seguir si la alineación es tu objetivo final:

1. **Decide quiénes estarán involucrados.** Lo más probable es que sean los miembros de tu equipo, pero en algunos casos, puedes pedir a otros equipos o partes interesadas que

participen (si representan un activo para tu visión).

2. **Reserva tiempo para la reunión.** Programa el tiempo suficiente para reunir a todas las personas que trabajan en pro de la visión compartida. Asegúrate de trabajar en un lugar que no te molesten. Intenta reservarte un día completo, y minimiza las interrupciones, para estimular la creatividad y construir un plan de acción bien pensado. Sin embargo, si estás haciendo esto virtualmente, o en un modelo híbrido, entonces programa reuniones más reducidas, del tamaño de un bocado. No recomiendo reuniones que superen los sesenta minutos, ya que la fatiga virtual es real. Lo más probable es que las personas tengan dificultades para mantener la concentración durante más de sesenta minutos seguidos.

3. **Asigna a un facilitador que sea neutral.**

Esto significa que puedes participar en la reunión y centrarte realmente en la tarea que tienes entre manos, en lugar de tener que preocuparte de facilitar y tomar notas al mismo tiempo. Tu compromiso con la conversación aumentará la participación del resto del equipo.

1. **Prepárate con antelación.** Asegúrate de que el día de la colaboración se reserva con suficiente antelación, así podrás prepararte. Asegúrate de enviar con antelación los

documentos y cualquier otra información relevante, incluidos los resultados de las encuestas, los estudios de mercado o los datos de tus competidores. Establece y comunica las expectativas previas de trabajo para que tu equipo se sienta implicado antes de que tenga lugar la reunión. Esto te permitirá hacer un seguimiento antes del evento, para poder resolver cualquier duda. También permitirá a los miembros del equipo menos comunicativos, preparar sus contribuciones. Si vas a pedir su opinión, házselo saber con antelación.

2. **Prepara la escena.** Al principio de la reunión, revisa los resultados deseados de la colaboración, repasa el orden del día, establece las normas básicas y habla del proceso. También puedes comprobar el trabajo previo y las ideas de todos hasta el momento. Esto prepara el terreno para el resto de la reunión y garantiza que todos sepan qué esperar.

3. **Crea tu plan de acción.** Si quieres que tu equipo se comprometa y participe plenamente, debes fomentar la apertura, la creatividad y la eficacia durante toda la reunión. El orden del día te ayudará a planificar la jornada de colaboración y a elaborar tu plan. Si cuentas con una persona que oficie de facilitador de la reunión, puede

ayudarte con esto. Tu plan de acción debe detallar tu objetivo final, así como los pasos y procesos que utilizarás para alcanzarlo.

4. **No te preocupes por compartir tu declaración de visión aún.** No debes desperdiciar el tiempo con tu equipo elaborando perfectamente una declaración de visión elegante. Hazlo después del evento si puedes o pide a un par de miembros del equipo que tomen la iniciativa. Podrían comunicarla por correo electrónico, en una fecha posterior, para resolverlo.

5. **Habla en privado con aquellos que no estén de acuerdo.** No siempre estarán todos de acuerdo en todo, así que si un miembro del equipo no está alineado, ten una charla con él en privado. Comprueba si siguen comprometidos con la visión y explora diferentes formas de ayudarles a volver a comprometerse. Relaciona la visión con sus necesidades, ideas e intereses.

6. **Después de la reunión,** tendrás que reunirte una vez redactada la declaración de la visión y discutirla. Pide a todos que contribuyan y propongan cambios para perfeccionarla.

7. **Ponte en contacto con otros grupos relevantes que no estén presentes en la reunión.** Es conveniente revisar el borrador con cualquier otra persona cuya participación sea necesaria. Puede tratarse de directivos,

pares, proveedores, clientes y otras partes interesadas. Puedes utilizar sus aportes para introducir nuevas mejoras.

8. **Una vez que estés lista, ¡es el momento de hacer realidad tu visión comunicándola al mundo!** Reúnete con algunos de los colegas más creativos de la empresa y pídeles que te ayuden a difundirla y darle vida. Recuerda... ¡quieres inspirar! Así que utiliza imágenes, historias y metáforas para transmitir el mensaje.

Al hacer partícipes a los demás de tu visión compartida, les estás animando a apropiarse de la idea y a comprometerse con ella. Se sentirán involucrados en la visión y será más probable que se alineen con ella. Cuantas más personas crean en ella, mayores serán las posibilidades de alcanzarla.

Como líder inspiradora, ¡haz que tu misión sea conseguir que el mayor número de personas posible se esfuerce por alcanzar una visión compartida en la que todos crean!

Si ya conoces bien a tu equipo y trabajan bien juntos, reconocerás fácilmente sus puntos fuertes y sus valores. Puedes utilizar este conocimiento para conseguir que se identifiquen con tu visión desde el principio. Se ha demostrado que hacer esto al comienzo de un nuevo año, tiene resultados asombrosos, pero puede hacerse en cualquier momento en que se forme un nuevo equipo o se ascienda a un nuevo puesto de liderazgo. La idea es hacerla realidad. Alíñense en la visión compartida y trabajen por ella durante todo el año.

A continuación, nos centraremos en otro tema importante a la hora de liderar un equipo, y es *conocer ¿quiénes son?*

CAPÍTULO 16
¿QUÉ TAN BIEN CONOCES A TU EQUIPO?

PREGÚNTATE, *¿QUÉ TAN BIEN CONOCES A TU EQUIPO?* Un líder que conoce a su equipo obtiene lo mejor de él... ¡y punto! Pero llegar a conocerlos *realmente* no es tan sencillo, ya que no podemos obligar a las personas a abrirse a nosotros. Tenemos que trabajar en ello a lo largo del tiempo, pero hay algunas cosas que se pueden hacer para acelerar este proceso.

Este capítulo se centra en las diferentes estrategias que puedes utilizar si quieres conocer mejor a tus empleados. Exploraremos cómo puedes ir más allá de la "charla trivial" y pasar a conversaciones mucho más profundas y reveladoras. También descubriremos cómo hacer que las reuniones sean más interesantes, con el fin de crear una propuesta de equipo.

"La fuerza del equipo es cada miembro. La fuerza de cada miembro es el equipo".

~ Phil Jackson

Formar un equipo eficaz es tu trabajo como gerenta, pero llegar a conocerlos puede ser una tarea compleja. Descubrir las fortalezas de los miembros de tu equipo, mejora la fuerza del equipo en su conjunto, pero cada uno tiene un papel que desempeñar. Exploremos cómo puedes hacer tu parte ¡poniendo a rodar la pelota hoy mismo!

MÁS ALLÁ DE LA CHARLA TRIVIAL

Cuando diriges un nuevo equipo, tienes que entender a cada uno de sus miembros. Hay muchas razones por las que esto no sucede instantáneamente, pero hay varias preguntas que puedes hacer para obtener más información. Si quieres conocerlos, puedes preguntar:

1. ¿Cuáles son sus tareas favoritas a la hora de trabajar? *Es importante conocer esta información, ya que a menudo descubrirás que mientras a algunas personas les encantan determinadas tareas, a otras les disgustan mucho. Si delegas estas tareas en consecuencia, es más probable que disfruten de sus funciones y se comprometan más.*
2. ¿Puedes decirme cuáles son tus fortalezas? *Interesarte por los miembros de tu equipo y por averiguar las cosas en las que creen que son buenos, les entusiasmará. Apreciarán tu interés por ellos y será más probable que se abran a ti.*

3. ¿Hay algo que hayan hecho tus anteriores jefes que te gustaría o no te gustaría que hiciera? *Esto te da credibilidad, ya que estás mostrando a tu equipo que te importa. Obtendrás información valiosa sobre sus preferencias y lo que les motiva. Les mostrarás que aspiras a ser una mejor líder.*

4. ¿Cuáles son tus objetivos profesionales y cómo estás trabajando para conseguirlos? *Averiguar los objetivos profesionales de los miembros de tu equipo significa que puedes ayudarles a desarrollarse. Al fin y al cabo, ésa es una de las principales responsabilidades de un líder. Esta información te ayudará a desarrollar tu relación y a abogar por ellos, ya que quieres ayudarles a alcanzar sus sueños. Esto aumentará su moral y motivación, ya que te estás interesando por su aprendizaje y su progreso profesional.*

5. ¿En qué punto de tus objetivos profesionales se ha quedado tu anterior jefe o líder? *Al preguntar esto, estás indicando que te importa y que estás dispuesta a ayudar a desarrollar su carrera.*

6. En relación al feedback, ¿qué es lo que mejor funciona para ti... y cómo prefieres recibirlo (por correo electrónico, de forma individual, etc.)? *Preguntar esto demuestra que te interesa su bienestar y cómo se siente. Necesitas que la persona sea receptiva a tu feedback, así que si se le entrega en sus términos, será mucho más receptiva a lo que tienes que decir.*

7. ¿Cuáles son tus preferencias en cuanto a reconocimientos y recompensas? ¿Cómo prefieres recibirlos? *Los elogios y el reconocimiento son complicados, ya que algunas personas se sienten cómodas con ellos en público, mientras que otras prefieren que sean más discretos. Averigua qué estilo le gusta a los miembros de tu equipo para asegurarte de que se sienten cómodos recibiéndolos. Si te adaptas a sus necesidades, crearás un vínculo más fuerte.*

8. Cuéntame, ¿qué haces fuera del trabajo? *Hay vida más allá del trabajo, así que asegúrate de interesarte por la vida de los miembros de tu equipo. Empieza por tener en cuenta sus aficiones y las cosas que les gusta hacer antes de pasar a cosas más personales como la familia o los amigos.*

9. ¿Qué es realmente importante para ti? *Averiguar lo que es importante para los miembros de tu equipo te ayudará a descubrir lo que realmente valoran en la vida. Esto le dará una idea de cómo son realmente.*

Hacer este tipo de preguntas te ayudará a establecer una sólida relación con cada uno de los miembros de tu equipo, pero también debes desarrollar la relación del equipo. Debes pensar en cómo unir a tu equipo. Al fin y al cabo, un equipo eficaz se construye con el esfuerzo de todo el equipo. Así pues, vamos a hablar de algunas formas de organizar reuniones diferentes...

ORGANIZA REUNIONES CON UN DIFERENCIAL

Existen diferentes formas de conocer a los miembros de tu equipo y ADEMÁS fomentar el trabajo en equipo. Esto es fundamental para ti como líder, ya que te ayudará a conocer a tu equipo y a calibrar cómo pueden trabajar mejor juntos. Los líderes son conocidos por su innovación, así que es importante que vayas más allá de las reuniones y lleves las cosas al siguiente nivel. Un líder debe reconocer que sus empleados son su mayor activo y saber cómo contribuyen estos a la empresa. Saber esto te permitirá armonizar la forma en que trabajan juntos como equipo. Esto se puede hacer de las siguientes maneras:

- **Oficiar de mentora.** Si gestionas como una mentora, establecerás relaciones diferentes con tu equipo. Les mostrarás que estás interesada en su carrera, y ellos se sentirán inspirados por ti y valorarán tu opinión como resultado. Cuanto más conozcas a cada uno de los miembros de tu equipo, más fácil será para ti armonizarlo.
- **Team-building.** Esta es una forma excelente de promover el trabajo en equipo. Pueden jugar a muchos juegos diferentes, como trivias, juegos de mesa virtuales o competiciones deportivas, rompecabezas, o simplemente puedes utilizar una baraja de cartas. Pueden estar relacionados con el trabajo o no, pero deben ser interesantes y divertido para ayudar al equipo a conocerse.

- **Organiza un Town Hall corporativo.** Esto es cuando un líder organiza sesiones en las que se comunican los planes, las noticias, las visiones, los objetivos y las estrategias de la empresa. Esto te permite ser transparente poniendo sobre la empresa cuáles son tus expectativas para el futuro, así como tu posición actual. Da a los miembros de tu equipo la oportunidad de hacer preguntas, lo que les hace sentirse valorados por la organización.
- **Organiza almuerzos con los miembros de tu equipo.** Escucharlos en este entorno puede ayudarte a establecer una mejor relación. Puedes averiguar lo que tienen en mente y el estar fuera de la oficina, proporciona un entorno más social y relajado. Esto aporta energía al equipo y te permite comprender cómo se comunican los miembros de tu equipo entre sí.
- **Ser tú misma.** Muéstrate vulnerable, auténtica y real cuando estés con tu equipo. Esto te ayudará a generar confianza. Si quieres ser una gran líder, tienes que liderar con tu verdadera personalidad y evitar fingir lo que no eres.
- **Acudir a los eventos y reuniones sociales de la empresa.** Siempre haz de los eventos y reuniones de la empresa una prioridad, ya que son una gran manera de socializar con tu equipo y participar en actividades de team-

building. La comunicación a nivel social demuestra que te preocupas por el bienestar de tu equipo.

- Haz que tu staff se presente en las reuniones de trabajo. Las presentaciones formales siempre son buenas, ¡pero hay tantas cosas que no sabes! Así que pide a cada miembro de tu equipo que se presente en cada reunión y comparta un hecho divertido. Esto permitirá a los demás miembros del equipo conocer a sus colegas a un nivel más personal.
- **Trabaja junto con tu equipo.** Conocerás mejor a tu equipo si trabajas junto con ellos. Podrás ver cómo trabajan, incluso cómo actúan bajo presión y se comunican con sus compañeros. Predica con el ejemplo, siendo lo más productiva posible, pero también dejando tiempo para pequeñas pausas, refrigerios y charlas. Esto te ayudará a establecer una sólida relación y a calibrar el funcionamiento de tu equipo.
- **Da lugar al diálogo.** Si quieres lograr una comunicación sólida, debes fomentar un diálogo bidireccional en el que los miembros de tu equipo puedan comunicarse y tú puedas responder. Esto es muy eficaz, ya que los empleados podrán compartir cualquier preocupación, idea o sugerencia. La comunicación es la clave del éxito en los negocios y en la vida.

Conocer a tu equipo te asegura poder liderar de forma más innovadora. Mejora la comunicación, te ayudará a orientarte, ya que conocerás mejor a tu personal, y te asegura que reconoces en qué son buenos y cómo pueden contribuir con los objetivos del equipo y de la empresa. Es tu oportunidad para asegurarte de que todos trabajen juntos, hacia el mismo objetivo. Se trata de un paso importante si quieres ser capaz de asignar con confianza las tareas y responsabilidades adecuadas a los miembros de tu equipo y garantizar su rendimiento y crecimiento. En el próximo capítulo profundizaremos en este aspecto.

CAPÍTULO 17
CONOCE LAS FORTALEZAS Y ÁREAS DE CRECIMIENTO DE CADA MIEMBRO

E N EL CAPÍTULO ANTERIOR, NOS CENTRAMOS EN CUÁN BIEN conoces a tu equipo. Mencionamos el conocimiento de sus fortalezas y áreas de crecimiento. Es importante que entiendas esto como líder, para que puedas asignar responsabilidades y tareas a las personas adecuadas.

En este capítulo, vamos a profundizar en esto y a centrarnos en cómo puedes averiguar más sobre las diferentes fortalezas de los miembros de tu equipo, para poder utilizarlas en beneficio de la empresa y de tu equipo. Luego, podrás desarrollar planes para abordar sus áreas de crecimiento que ayudarán a tus empleados a mejorar sus habilidades y a acumular experiencia en el camino.

En primer lugar, veamos por qué es importante que conozcas las fortalezas de los miembros de tu equipo...

¿POR QUÉ DEBO CONOCER LOS PUNTOS FUERTES DE LOS MIEMBROS DE MI EQUIPO?

Comprender los puntos fuertes de los miembros de tu equipo les ayudará a sentirse más motivados y comprometidos en el trabajo. También es la forma más sólida de ayudar a tu empresa a alcanzar sus objetivos a largo plazo o de mayor envergadura.

Comprender las fortalezas de cada uno de los miembros de tu equipo, es una práctica de psicología. Te ayuda a alinear el talento con las oportunidades de trabajo pertinentes y capacitar a tus subordinados directos. Pero para llegar a entenderlos bien, hay que saber realmente lo que hacen bien y en lo que deben perfeccionarse.

Veamos las formas clave en las que puedes empezar a entender las fortalezas y las áreas de crecimiento de cada integrante de tu equipo.

13 FORMAS DE CONOCER LAS FORTALEZAS DE LOS MIEMBROS DE TU EQUIPO

Antes de asignar tareas y responsabilidades a los miembros de tu equipo, debes averiguar en qué son buenos. Hay 13 formas sencillas de hacerlo:

1. Haz buenas preguntas. Los cuestionarios te brindan la oportunidad de conocer mejor a tus empleados y, como consecuencia, aprenderás a aprovechar sus fortalezas durante el proceso. Sé inquisitiva

preguntando cosas como, *¿qué tareas te hacen perder la noción del tiempo?* *O, ¿cuáles crees que son tus mejores atributos?* No tengas miedo de hablar también de sus fortalezas para poner luego adecuar las tareas a las fortalezas de cada miembro del equipo.

2. Averigua qué tareas y responsabilidades les hacen sentir revitalizados. Hacer tareas en las que somos buenos es estupendo. Pero hacer tareas con las que disfrutamos es un gran motivador, así que habla con tu equipo y averigua qué les da energía. *¿Qué disfrutan hacer? ¿Qué les entusiasma?* Si aprovechas esto, verás mayores índices de productividad y progreso. No descartes nada de lo que te digan, ya que pueden tener algunos talentos únicos que hasta ahora desconocías.

3. Haz pruebas de evaluación, ya que esto te ayudará a aprovechar los puntos fuertes de los miembros de tu equipo: los equipos necesitan saber cómo aprovechar sus fortalezas y talentos únicos. El uso de las evaluaciones de búsqueda de fortalezas, o evaluaciones similares en línea, puede ayudarte a determinar cuáles son sus habilidades. ¡También puede aumentar la confianza e indicar lo que cada uno aporta al equipo!

4. Evalúa y luego habla acerca de ello. Cuando evalúes a alguien, es importante que lo hables con esa persona. Esto aumentará tanto tu

comprensión de ella como su autoconciencia. Esto funciona bien cuando se realizan evaluaciones de personalidad o basadas en sus fortalezas. Les permitirá juntarse con personas similares, a la vez que comparten la apreciación de las fortalezas de los demás dentro del equipo. Aumenta su comprensión general de cómo trabajan ellos y cómo trabajan los demás, lo que significa que serán mucho más eficaces.

5. Fomenta el compromiso. A veces, los miembros de tu staff no estarán seguros de sus propias fortalezas. Como líder, tu trabajo es ayudar a descubrirlas. Si los animas a participar en las tareas y actividades, así como a todo el equipo, podrás descubrir sus fortalezas rápidamente.

6. Anima a todos los miembros de tu equipo a reconocer las fortalezas de los demás. Fomenta un entorno en el que animar a los demás miembros del equipo sea la norma. Haz que hablen de las fortalezas de los demás, para que puedan determinar quién es el más adecuado para determinadas tareas y actividades. Así se empieza a construir un flujo de trabajo más abierto y comunicativo.

7. Utiliza StrengthsFinder de Gallup. Como líder, puedes utilizar la evaluación online de StrengthsFinder de Gallup. Te ayudará a descubrir los cinco principales talentos de cada miembro de tu equipo. Es un buen punto

de partida. Luego, puedes dedicar tiempo a discutirlo para poder identificar valores más profundos y subyacentes.

8. Aplica la *Regla de Tres*. Ya hemos hablado de la *regla de tres*, pero lo que queremos decir aquí es que puedes utilizarla para elaborar tu cuestionario. ¿Qué es lo que más te gusta del trabajo? O bien, ¿qué aspecto del trabajo te gusta más hacer? Y, ¿cuáles son las cualidades que necesitas para completar tu tarea favorita en el trabajo?

9. Pruébalos. Cuando conozcas sus fortalezas, no olvides permitir que los miembros de tu equipo prueben sus habilidades. Obsérvalos o evalúalos mientras completan tareas que requieran el uso de esas habilidades. Esto puede ayudarte a calibrar no sólo sus fortalezas, sino también las áreas que deben mejorar. Identificar las áreas de mejora es tan importante como sus fortalezas. Así es como crecemos y perfeccionamos a los miembros de nuestro equipo.

10. Crea una cultura abierta. Esto es importante a nivel empresarial, ya que cada empresa debe demostrar que valora a sus líderes y a los miembros de su equipo. Pueden evaluar sus fortalezas y ayudar a sus líderes a desarrollarse. Los líderes ayudarán entonces al personal. Esto aumentará la satisfacción en el trabajo, así que debes incentivar a tus empleados a que acudan a ti y discutan

libremente sus tareas, fortalezas y áreas de crecimiento. Puedes ayudarles a desarrollar su carrera si fomentas una cultura abierta.

11. Aprende del pasado. Las experiencias pasadas nos convierten en lo que somos hoy, y es importante que hagas buen uso de ellas. Haz preguntas directas a los miembros de tu equipo, como por ejemplo, *¿cuáles son las fortalezas que te caracterizan?* O, *¿qué proyectos o experiencias has disfrutado más?* A continuación, puede profundizar. Analicen sus mayores aprendizajes que han surgido de sus experiencias y habla con ellos de lo que podrían haber hecho de forma diferente. A veces, el simple hecho de hablar de ello puede implantar la idea de lo que deberían que hacer, si alguna vez surge una experiencia similar.

12. Organiza un día de historias para los miembros del equipo. Las personas disfrutan escuchando historias de la vida real, así que reunirse y hablar de "Un día en la vida de..." es una gran idea. También puedes ampliarlo, pidiéndoles que cuenten la historia que les ha convertido en lo que son hoy. Eso les dará la oportunidad de incluir los acontecimientos clave, los hitos, las barreras a las que se han enfrentado y sus logros. Pueden resumir las cosas que han aprendido en su viaje hasta ahora. Esta puede ser una experiencia inspiradora para todos, además de que

ayudarte a conocer a los miembros de tu equipo a un nivel más personal y divertido.

13. Utiliza el método STAR para conocer los puntos fuertes de tu equipo. Puedes pedir a tus empleados que utilicen el método STAR para demostrar sus fortalezas:

1. **Situación.** Describe la situación y su contexto
2. **Tarea.** Describe la tarea que han realizado
3. **Acción.** Describe las acciones que han realizado para completar esa tarea
4. **Resultado.** Reflexiona sobre el resultado final y cuán exitoso ha sido. Piensa en cómo esto revela sus fortalezas.

Cuanto más conozcas a cada uno de los miembros de tu equipo y sus fortalezas, más fácil te resultará, como líder, asignar tareas y responsabilidades de manera eficaz. En el próximo capítulo, nos centraremos más en aclarar los roles y las responsabilidades dentro de tu equipo.

CAPÍTULO 18

DEFINE LOS ROLES Y LAS RESPONSABILIDADES

COMO LÍDER, ES IMPORTANTE QUE ESTABLEZCAS LOS ROLES Y las responsabilidades dentro de tu equipo. Si todos tienen claro su rol y lo que deben hacer, todo fluirá. El trabajo se hará.

Si los roles y responsabilidades no están claras, puede significar que tu equipo es improductivo. Todo el mundo necesita claridad: todos deben saber a qué dar prioridad y cuándo. Si una persona tiene el mismo cargo que otra, las tareas que realizan pueden ser similares. Sin embargo, un líder puede asignar más responsabilidades en función de las fortalezas de un empleado en particular, o dividir las tareas en función de las competencias.

En este capítulo, nos centraremos en lo que pueden hacer los líderes para establecer los roles y responsabilidades dentro de su organización. Veremos por qué es importante tener bien claro quién hace qué, cómo solucionarlo cuando las cosas no están claras y cómo las responsabilidades rígidamente definidas pueden reducir la motivación.

En primer lugar, consideremos si tu equipo está sufriendo como resultado de la falta de claridad en la definición de los roles y las responsabilidades...

¿TU EQUIPO SUFRE LA FALTA DE CLARIDAD EN SUS FUNCIONES Y RESPONSABILIDADES?

Si es así, esto podría tener muchas implicaciones para tu equipo.

Hazte las siguientes preguntas:

1. ¿Tu equipo parece estar haciendo mucho trabajo, pero aún no está logrando sus objetivos? *Es posible entonces, que tus empleados no estén haciendo el tipo de trabajo adecuado, por lo que están perdiendo el tiempo. Es importante mantenerte centrada en el objetivo final. Cada tarea que realices debe estar estratégicamente vinculada a la consecución del mismo de alguna manera.*

2. ¿Tus empleados están duplicando el trabajo? *Es importante tenerlo en cuenta, a menudo repetimos trabajo que ya se ha hecho. Por lo tanto, ¡Debes tener un sistema para comprobarlo! Por ejemplo, si quieres saber algo relacionado con los gastos, en lugar de sumarlo todo manualmente, puede que ya exista un informe realizado por el departamento financiero. Puede ser tan sencillo*

como llamarles para averiguar los datos que necesitas. Además, si tienes dos personas que hacen el mismo trabajo, comprueba dos veces quién hace qué para evitar la duplicidad.

3. ¿Tus empleados están confundidos acerca de lo que deberían estar haciendo? *Si están confundidos sobre las tareas que están realizando, y no tienen claro lo que deben hacer, puede ser difícil que completen las tareas con eficacia.*

LA IMPORTANCIA DE TENER CLAROS LOS ROLES Y LAS RESPONSABILIDADES

Es importante asegurarse de que todo el equipo tenga claras sus funciones y responsabilidades. Si no es así, esto puede causar numerosos problemas para la empresa:

- Es posible que no entiendan cómo encajan en el equipo, lo que puede hacer que se sientan distantes. No sentirán una conexión, y la comunicación se resentirá como resultado.
- Pueden perder el tiempo, porque no están seguros de qué hacer y cómo hacerlo. Como resultado, las tareas no se completan, y el equipo podría ser incapaz de cumplir los plazos.
- Los miembros de tu equipo no están seguros de estar haciendo bien su trabajo. El peligro de esto es que no aprenderán lo que funciona y lo que no. Si los roles y las

responsabilidades están claras, el personal podrá medir el progreso y el rendimiento con respecto a los standrards en los que están trabajando.

- Los miembros de tu equipo pueden tener discrepancias entre sí, lo que les hace sentirse frustrados. Esto puede dar lugar a conflictos dentro del equipo. Con los roles y las responsabilidades claras, cada empleado sabe lo que tiene que hacer, pero sin ellas, pueden encontrarse con que las tareas entran en conflicto o el trabajo se duplica.

CÓMO LA RIGIDEZ EN LAS RESPONSABILIDADES REDUCE LA MOTIVACIÓN

Aunque es importante que los roles y las responsabilidades se comuniquen claramente, a veces un líder puede ir demasiado lejos. La flexibilidad es la clave aquí... por lo que un líder nunca debe ser demasiado rígido, ya que afectará a la motivación de los miembros de su equipo.

Si defines los roles y las responsabilidades de tu equipo con demasiado detalle, corres el riesgo de crear más problemas. Es posible que los miembros de tu equipo no quieran realizar las tareas de los demás si no se ajustan exactamente a sus funciones y responsabilidades establecidas. Una de las formas más impactantes de motivar a un equipo es proporcionándoles autonomía, así que asegúrate de no atarles con limitaciones. Esto simplemente pone barreras en su camino.

Una líder innovadora y eficaz siempre permitirá a su equipo tener cierta libertad para controlar su forma de trabajar, sin sentir que tienen que seguir constantemente reglas o instrucciones estrictas. Hacer esto resulta aburrido. Si tu equipo se aburre, no está motivado. Por eso hay que fomentar la flexibilidad y el pensamiento creativo. A fin de cuentas, ¡esto mantiene a tu staff motivado!

CÓMO SOLUCIONAR EL HECHO DE QUE LOS MIEMBROS DE TU EQUIPO NO TENGAN CLAROS SUS ROLES Y RESPONSABILIDADES

Si los miembros de tu equipo no tienen claros sus roles y responsabilidades, tu trabajo como líder es solucionarlo. Aquí tienes algunas formas de hacerlo:

- Define los roles de tu equipo y piensa en quién es responsable de qué. A continuación, considera las brechas de responsabilidad y busca las tareas que podrían estar duplicadas. Tu trabajo consiste en detectar estas lagunas.
- Corrige las lagunas. Una vez que hayas establecido las funciones, revisa los vacíos y asigna las funciones a miembros específicos del equipo. Sé clara y establece quién es responsable de qué. Siempre debes basarte en las fortalezas de cada uno de los miembros de tu equipo a la hora de asignar las tareas y considerar quién hará mejor cada cosa. Incluso puedes discutirlo con tu equipo en

una reunión y decidir juntos quién tomará las riendas.

Define los roles del equipo creando un RACI:

- **Responsable**: ¿quién hará el trabajo?
- **Autoridad:** ¿quién es el responsable final del trabajo o quién lo aprobará? Probablemente serás tú.
- **Consultado:** ¿a quién se consultará sobre la tarea, para que pueda hacer algún aporte? Esta persona puede estar dentro o fuera del equipo.
- **Informado:** ¿quién debe ser informado sobre el resultado del trabajo (pero no está incluido en cómo se realiza el trabajo)?

Puedes incluso crear una lista de las personas de tu equipo y asignarles roles para cada tarea específica. Sólo debe haber una persona que figure como autoridad. Esto puede ayudarte a ti y a tu equipo a tener muy claro quién es responsable de qué.

- Aclara las funciones de tu equipo obteniendo feedback. Ya hemos hablado de la comunicación abierta y de pedir a tu equipo que te diga quién es responsable de qué y si lo tienen claro o no. Puedes pedirles que repasen lo que tienen que hacer, o puedes hacerles preguntas para aclarar tu comprensión y la de ellos. Esto mejorará el rendimiento, y también puede dar lugar a una mayor sensación de satisfacción a la hora de trabajar.

- Determina los roles y responsabilidades que no estén claras. En última instancia, depende de ti hacer un seguimiento del trabajo de tu equipo y evitar que se pasen cosas por alto. Puedes utilizar una sencilla hoja de cálculo que te ayude a hacer un seguimiento del trabajo de tu equipo y a comprobar su progreso. Todos los miembros del equipo empezarán a entender qué trabajo están haciendo los demás, especialmente cuando se trabaja en un entorno abierto y comunicativo.
- Comunica los roles y responsabilidades del equipo para aclararlos. No sólo es importante que tu equipo entienda sus roles y responsabilidades, sino también que las partes implicadas las entiendan también... eso incluye a tu jefe. Si no lo haces, corres el riesgo de que tu equipo tenga que realizar tareas que no están alineadas. Esto podría causar más problemas para ti y para ellos, ya que tendrán dificultades para cumplir con las metas y objetivos.

Como líder, tienes la responsabilidad de asignar a tu equipo las funciones y responsabilidades que te ayuden a alcanzar los objetivos del equipo, que contribuyen a los objetivos de la empresa. Todo tiene un propósito. Es importante dejar esto muy claro a los miembros de tu equipo. Tienen que saber a qué aspiran, cómo contribuyen y qué tienen que hacer para alcanzar el objetivo final. Esto garantizará que tu equipo sea productivo, esté alineado con la empresa y cobre sentido.

Para tener un propósito o un sentido, debes asegurarte de tener claros los objetivos que se persiguen. Por eso, en el próximo capítulo, ¡nos centraremos en sincronizar todos los objetivos!

CAPÍTULO 19

SINCRONIZA TODOS LOS OBJETIVOS

NUESTROS OBJETIVOS PERSONALES Y DE EQUIPO NOS DAN UN propósito, pero sólo si persiguen algo más grande, un objetivo final para la empresa. Tus objetivos son tu contribución a la visión o estrategia de la organización, y por eso es importante que entiendas cómo los objetivos de tu equipo, y los objetivos que estableces para cada miembro del equipo, apoyan esa visión.

Imagina que la visión y los objetivos de la organización se encuentran en la cima. Están apoyados por grupos de personas, equipos. Los equipos tienen sus propios objetivos, pero están respaldados por cada persona y sus objetivos personales. Sincronizar los objetivos significa que todo el mundo trabaje para lo mismo. Eso significa que el trabajo realizado por el equipo está armonizado. Mientras tu equipo apoya a la estrategia general de la empresa, *¿cómo podríamos sincronizar nuestros objetivos de forma eficaz?*

En este capítulo, no sólo hablaremos de la importancia de alinear los objetivos de la organización, sino que también revisaremos cómo puedes alinearlos con tu equipo.

"Si todos avanzan juntos, el éxito se encarga de sí mismo".

~ Henry Ford

Si los objetivos están sincronizados, ¡todos podremos avanzar juntos para mejorar nosotros mismos, nuestros equipos y nuestra empresa!

LA ALINEACIÓN DENTRO DE LA ORGANIZACIÓN

La alineación dentro de la organización es el mayor diferenciador entre una empresa de alto o bajo rendimiento. Una investigación de LSA Global, descubrió que las empresas crecen un 58% más rápido si están altamente alineadas, y el 72% son más rentables. Esto significa que superan a sus pares no alineados cuando se trata de la satisfacción del cliente, la retención de clientes, el liderazgo y el compromiso de los empleados. Esto contribuye a que las empresas tengan más éxito en general.

Para alinearse realmente, los objetivos individuales, del equipo y de la empresa, deben estar sincronizados. ¡Todo contribuye al objetivo final, que es el propósito general de todo! Los principales beneficios de garantizar que los objetivos estén alineados en toda la organización son:

- Las estrategias de la organización se forman a partir de los objetivos, estos marcan las pautas
- Los empleados reconocen cómo contribuyen a los objetivos del equipo y de la organización
- Se aclaran las prioridades del equipo y de la empresa
- Los empleados y los equipos están conectados a través de objetivos alineados

Está claro que la alineación de objetivos tiene muchos beneficios. Ahora hablaremos de cómo una organización puede garantizar que esto ocurra. ¡Se necesita un enfoque integral de los empleados, que comienza por la cima!

¿CÓMO PODEMOS ALINEAR LOS OBJETIVOS DE TODA LA ORGANIZACIÓN?

El establecimiento de objetivos es importante en todas las organizaciones, pero para garantizar la alineación en toda la organización, los objetivos deben estar alineados entre sí. Cuando se trata de asegurar que todos los objetivos se alinean en toda la organización, debes:

- Establecer objetivos organizativos claros. Para que se produzca la alineación, todo el mundo debe estar de acuerdo, ya que se comienza por la cima. La visión y las estrategias de la empresa deben formularse para que cada equipo pueda alinearse. Luego, debes asegurarte de que tanto tú como tu equipo, tengan muy claros los objetivos. Es mucho más fácil entender los objetivos y las visiones que son claros y tienen un propósito.

- Hacer que otros líderes y directivos se adhieran a tus objetivos. La dirección tiene que participar en esta fase, por lo que es importante que los mandos altos y medios se reúnan para discutir la visión, las estrategias, los puntos de referencia y los objetivos que se han identificado para la organización. Los líderes y gerentes pueden dar su opinión al respecto. Para que se produzca la alineación, es importante que la empresa escuche cualquier pregunta o comentario. Esto aumentará la alineación, ya que todos trabajarán juntos.

- Comunicar los objetivos a todos, en todos los niveles. Los objetivos deben comunicarse a todos los niveles para que todo el mundo se responsabilice y, por tanto, se sienta más comprometido a cumplirlos. Menos de la mitad de los empleados de una organización afirman saber cuáles son los objetivos de su empresa. Hablar de los objetivos con regularidad -con todos los miembros de la organización-los conecta con su iniciativa y esto ayuda a reforzarlos.

- Ayudar a otros empleados a cumplir con sus objetivos. Como líder, también tienes que estar ahí para apoyar a tu equipo a alcanzar sus objetivos. En la mayoría de los casos, no sólo los fijarás para los miembros de tu equipo, sino que también les animarás a que se hagan cargo de sus propios objetivos para conseguir el éxito. Es importante que comprendas los roles de cada uno de los colaboradores de tu equipo, así como los objetivos de la empresa. Es posible que tengas que ofrecer formación y desarrollo para ayudar a los empleados a tener éxito, así como asistir a reuniones y sesiones individuales, que permitan discutir cualquier problema potencial o desajuste. Si un empleado cuenta con apoyo, es más probable que se mantenga alineado con las estrategias y logre sus objetivos o incluso los supere.

La alineación es la clave del éxito de la organización. Por ello, comprométete con tu liderazgo y ayuda a los miembros de tu equipo a entender lo que se espera de ellos y cómo su trabajo encaja en el panorama general. Los objetivos alineados crean una atmósfera en la que todos trabajan juntos porque todos entienden su rol. Depende de ti y de la organización poner a tu empresa en ventaja asegurando que todo esté alineado.

CAPÍTULO 20
LA LÍDER COMO COACH

DESCUBRIRÁS QUE, EN TU ROL DE LÍDER, TIENES MUCHOS sombreros. A veces tienes que ser amiga, confidente, asesora o consejera, una solucionadora de problemas, una mentora y gestora. Y todo ello sin dejar de mantener tu rol de líder profesional, eficaz y respetada. El mundo del coaching es una industria floreciente actualmente, y muchos líderes innovadores están descubriendo que necesitan convertirse en coaches. Esto puede ser positivo porque el coaching y el liderazgo van de la mano. Esto no sólo desarrollará tus habilidades como líder, sino que también impulsará a tu personal a aceptar y apropiarse de su propio desarrollo.

Este capítulo te guiará sobre cómo utilizar tus habilidades de liderazgo y desarrollarlas para convertirte en una coach influyente dentro de tu organización. Veremos cómo el rol del gerente se está orientando cada vez más hacia el coaching, exploraremos los diferentes estilos de coaching, y revisaremos el coaching empresarial para asegurarnos de que es el adecuado para ti, para tu equipo y para la organización.

Si realmente quieres destacar y sobresalir como líder, ¡este capítulo es para ti!

EL ROL DEL GERENTE SE ORIENTA CADA VEZ MÁS HACIA EL COACHING

No hay dudas de que el rol del gerente está cambiando, pero *¿sabías que se está orientando más hacia el coaching?* Quizá te preguntes qué significa eso exactamente. Es muy sencillo de explicar...

Un gerente eficaz que adopta un enfoque orientado al coaching:

- No te da las respuestas a tus problemas, sino que te hace preguntas para que descubras tus propias respuestas y emprendas tu propio camino
- Se abstiene de juzgar, pero te ofrece apoyo cuando es necesario
- No dicta la formación y el desarrollo, sino que la facilita en función de tus necesidades

Como ves, alguien que coachea a otros es un facilitador. Permite que las personas sigan sus propios sueños y las apoya para que lleguen a donde deben estar. Esto promueve el pensamiento creativo y anima al empleado a ser responsable de sus propias acciones y su propio desarrollo.

ESTILOS DE COACHING

Cuando coacheas a los miembros de tu equipo, hay diferentes estilos que puede utilizar que te ayudarán a apoyarlos eficazmente. En este capítulo vamos a explorar cuatro estilos: directivo, laissez-faire, no directivo y situacional.

1. **El coaching directivo.** Utiliza un enfoque de "mostrar y explicar", en el que el coach muestra, explica y demuestra lo que hay que hacer y cómo. Debe utilizarse cuando un nuevo empleado se ha incorporado al equipo. Sin embargo, no se debe abusar de él, ya que desempodera el propio camino de aprendizaje del empleado.

2. **Coaching laissez-faire.** Es cuando se deja que los miembros del equipo encuentren el enfoque adecuado por sí mismos y gestionen su propio trabajo, ya que son productivos. Esto significa que el coaching no es realmente necesario, por lo que puedes dar un paso hacia atrás y dejar que se pongan manos a la obra. *Un buen coach es capaz de reconocer cuándo NO debe coachear tanto como cuándo DEBE hacerlo.*

3. **El coaching no directivo.** Para este método, debes ser capaz de retener tu juicio y simplemente escuchar y hacer preguntas a los miembros de tu equipo. Extraerás la visión, la creatividad y la sabiduría de tus empleados, y

les ayudarás a afrontar y superar sus propios retos. Esto llenará al individuo de energía y confianza, ya que lo ha descubierto por sí mismo. No siempre es fácil para un gerente dar un paso hacia atrás y asegurarse de que no está dando él las respuestas, sino que está permitiendo a su personal hacerlo. Este estilo puede ser muy poderoso cuando se utiliza correctamente.

4. **El coaching situacional.** Es un enfoque equilibrado del coaching. Está relacionado con el coaching directivo y no directivo. Se elige el método que se va a utilizar, en función de la situación concreta, el reto al que se enfrenta y las necesidades del empleado. Esto significa que si es necesario que le digas a tu personal lo que tiene que hacer, utilizas el coaching directivo, pero si es algo que sabes que pueden resolver, se trata de utilizar métodos no directivos. Utilizar ambos métodos es un gran apoyo y una gran ayuda para tu staff, ya que les ayuda a desarrollarse a un ritmo con el que se sienten cómodos.

El diagrama que aparece a continuación puede ayudarte a entender los diferentes métodos. Los detalles de la izquierda indican la información que tienes que aportar como entrenador. La información de la parte inferior detalla la energía que tu empleado sentirá como resultado de ese método de coaching en particular. A veces, se trata simplemente de encontrar el equilibrio adecuado.

Estilos de Coaching

Estilos de Coaching

Más información aportada	**1. Directivo**	**3. Situacional**
Menos información aportada	**2. Laissez-faire**	**4. No-directivo**
	Menos energía recibida	Más energía recibida

¿CÓMO PUEDO ASEGURARME DE QUE EL COACHING ES EL ADECUADO PARA MÍ Y PARA MI ORGANIZACIÓN?

No basta con enseñar a los líderes y gerentes a ser mejores coaches. Para que el coaching marque realmente la diferencia, debe adoptarse de forma que se adapte a la cultura de la empresa. A veces, eso significa que hay que hacer cambios para crear una transformación cultural. Para hacerlo, puedes:

- Explicar el "por qué". Cuando se trabaja en un entorno ajetreado, es posible que los gerentes y los profesionales consideren que el coaching es una moda, lo que significa que pueden no tomarlo en serio. Por eso debes dejar claro el valor que tiene para la organización, sus líderes y directivos, y para sus empleados. El coaching maximiza las habilidades de los trabajadores, motiva al personal, les ayuda a resolver problemas y les anima a hacerse cargo de su propio desarrollo. Es una forma estupenda de obtener nuevos conocimientos y mejorar el trato con los clientes. Haz que todos sepan cómo podría alinearse con la empresa para que se sumen.

- ¡Hacerlo tú misma! Si quieres que los demás acepten el coaching, tienes que servir de modelo. El modelado es una técnica de enseñanza común. Los demás te ven hacer algo y se dan cuenta de tu éxito, por lo que quieren participar en la acción. Si tu equipo se convierte en el equipo de mayor rendimiento, y puedes vincular esto al coaching, los demás seguirán tu ejemplo y la alta dirección también estará de acuerdo con esto. Modela los beneficios de adoptar una cultura de coaching dentro de tu organización con visión de futuro.

- Romper las barreras. A veces, existen barreras organizacionales para crear una cultura de coaching entre los líderes y los directivos. A menudo, los líderes y los empleados son reacios a probar algo nuevo por miedo a que no funcione y se pierda tiempo. Toda la cultura tendría que dar un giro hacia una cultura de aprendizaje, en la que los gerentes hagan preguntas de coaching... como, por ejemplo, ¿qué está funcionando? ¿Qué no está funcionando? ¿Cómo podemos apoyarte? ¿Qué estás tratando de hacer, y qué crees que es una mejor opción? Una vez más, no siempre es fácil conseguir que los altos cargos estén de acuerdo, así que modélalo primero dentro de tu equipo y ofrece información a los líderes y demás gerentes sobre tus éxitos y progresos.

Reinventar a los líderes y gerentes como entrenadores puede implicar creatividad, energía y aprendizaje, al tiempo que permitirá a todo el personal ser responsable y rendir cuentas de su trabajo y desarrollo (hasta cierto punto). Las empresas que quieran prosperar, en el futuro, deberán adoptar nuevas formas de trabajo y adaptarse al cambio. Recuerda que eres una figura femenina poderosa e influyente que puedes impulsar todo esto definitivamente.

Para finalizar esta sección, hablaremos de la importancia de fomentar la confianza dentro de tu equipo. Todo lo que has aprendido hasta ahora conduce a esto, porque sin confianza, ¡no hay equipo!

CAPÍTULO 21
SIN CONFIANZA NO HAY EQUIPO

N CONFIANZA, NO HAY EQUIPO. PARA QUE EL TRABAJO EN equipo sea eficaz, todos tendrán que trabajar juntos para alcanzar los objetivos. ¡Esto sólo se puede hacer si confían los unos en los otros!

"Los grandes equipos tienen la confianza como base de su éxito. Si no confían los unos en los otros, irán a lo seguro. La confianza permite apuntar más alto. Saltar más lejos y saber que alguien te cubre la espalda si te caes". ~ Adam Grant

Este capítulo trata de las dimensiones de la confianza y de cómo crearla entre los miembros de tu equipo. También exploraremos las tres dimensiones de la confianza y cómo puedes construirla como líder en el lugar de trabajo. Aunque esta no es siempre la más sencilla de las tareas, merece la pena. Así que, antes de continuar, veamos por qué la confianza es tan importante para tu equipo...

¿POR QUÉ ES TAN IMPORTANTE LA CONFIANZA PARA MI EQUIPO?

Es probable que, en tu función, se hayan producido situaciones en las que uno de los miembros de tu equipo no haya cumplido con tus expectativas. Tal vez quieras delegarle una tarea, pero te sientes indecisa debido a la experiencia anterior. Incluso puede que el empleado sea muy trabajador y agradable, pero no está seguro de que esté a la altura de un proyecto importante. Si tienes dudas a la hora de delegar en ellos, es porque no tienes fe en ellos...

¿Puedes confiar en que esta persona hará bien el trabajo?

Una razón fundamental para no delegar, es la falta de confianza. Tanto si se trata de un empleado como de todo un equipo, la confianza es crucial para poder dirigir con eficacia. Debes construir la confianza con ellos... ¡y mantenerla! Las cosas pueden complicarse y dificultarse innecesariamente si no confías en ellos, o si ellos no confían en ti.

La cuestión es que es importante para que tu equipo funcione de la manera más eficaz. La confianza conduce a una toma de decisiones rápida y a un trabajo en equipo innovador, que garantiza el cumplimiento de los objetivos y la superación de las expectativas.

LAS TRES DIMENSIONES DE LA CONFIANZA

Se dice que la confianza gira en torno a 3 áreas clave. Si nos falta confianza en las *capacidades* de una persona, podemos pensar que no tiene las habilidades pertinentes para poder completar las tareas. Si nos falta confianza en el *carácter* de una persona, simplemente no confiamos en que vaya a completar las tareas asignadas (esto puede ser realmente problemático). Si nos falta confianza en la *comunicación*, podemos tener dificultades a la hora de trabajar en equipo porque no nos sentimos cómodas comunicando preocupaciones, inquietudes o haciendo preguntas cuando no estamos seguras.

Pero, ¿qué pasa si tú, como líder, fomentas la confianza en estas áreas?

Veamos los beneficios:

- **Confianza en las capacidades.** Esto permite a los miembros del equipo marcar la diferencia aportando sus conocimientos. Al provechar las capacidades de tu equipo los miembros del equipo comenzarán también a aprovechar los conocimientos de los demás, comprometiéndose más, participando en la toma de decisiones y enseñándose mutuamente nuevas habilidades. Esto genera confianza, ya que demuestra que los empleados están dispuestos a apoyarse mutuamente, al tiempo que valoran sus opiniones. Esto puede animar a las organizaciones y a los equipos a ser competitivos.
- **Confianza en el carácter.** El carácter representa a cada individuo, y la confianza en él, es el punto de partida de las relaciones de equipo, que a menudo se sirven mutuamente,

ya que todos persiguen el mismo objetivo. Aquí se suelen establecer las intenciones, junto con la dirección del trabajo en equipo y el ritmo del mismo. Cada miembro del equipo puede generar confianza dentro del equipo, cuando cumple lo que ha prometido. Al hacerlo demuestran que son fiables.

- **Confianza en la comunicación.** Necesitamos comunicarnos si queremos colaborar con los demás, ya que de esta forma, podremos aumentar la eficacia de nuestra capacidad de trabajo en equipo. Cuanto más colaboren los empleados y se comuniquen entre sí, más probabilidades tendrán de alcanzar sus objetivos y tener éxito. La comunicación ayuda a crear un vínculo, lo que significa que el equipo se cubrirá las espaldas y serán capaces de resolver los problemas juntos. Esto también hace que nos sintamos más cómodos cuando cometemos errores, ya que sentimos que estamos en un entorno seguro, lo que repercute en la seguridad psicológica. La confianza lo es todo. Es el pegamento que mantiene unidos a los equipos.

Cuando se logra la confianza en esas tres dimensiones, es más fácil mantener conversaciones honestas con nuestro equipo. Una vez que el equipo desarrolla vínculos fuertes, todos se sienten capaces de mantener conversaciones productivas sobre el rendimiento. Como líder, puedes abordar las cuestiones y resolver los problemas rápidamente, apoyando de esta forma a todo el equipo, porque la confianza que has creado demuestra lo mucho que te preocupas por ellos, de modo que saben que estás velando por sus intereses. *Pero... ¿cómo puedes fomentar la confianza en tu equipo?* Lo analizaremos a continuación...

CÓMO FOMENTAR LA CONFIANZA EN EL TRABAJO

Existen nueve estrategias que puedes utilizar si quieres fomentar un ambiente de confianza en el trabajo. Veremos cada una de ellas por separado:

1. Asegúrate de escuchar más de lo que hablas. Tus empleados son personas. Las personas quieren expresar sus opiniones e ideas únicas. Asegúrate de escuchar cuando hablan y anímalos a hablar contigo. Esto construye relaciones positivas entre los miembros del equipo y ayuda a inculcar la confianza mutua.
2. Asegúrate de actuar en función del feedback que recibes. Aunque un líder no puede estar en todas partes en todo momento, es importante que asumas los comentarios valiosos y respondas a ellos. Si quieres generar confianza, debe animar a tus empleados a expresar sus opiniones. Para que esto sea eficaz, tienes que reconocerlo y actuar en consecuencia. Muchos empleados dejan de dar su opinión porque creen que sólo va a ser

ignorada y, por tanto, sería una pérdida de tiempo. Se diferente. Genera confianza en tus empleados.

3. Se apreciativa. Sentirse apreciado es un motivador clave en el trabajo. Aunque sí, nos pagan por trabajar, el hecho de sentirse valorado marca la diferencia en la forma en que un empleado realiza una tarea. Ya hemos hablado de los elogios en este libro, pero asegúrate de crear un sentimiento de comunidad simplemente diciendo "gracias". 9 de cada 10 empleados afirman que sienten un mayor nivel de confianza en su jefe, cuando han sido reconocidos o agradecidos por su trabajo. Esto confirma que están haciendo un buen trabajo y les hace sentir bien.

4. Deposita tu confianza en tu equipo para empoderarlo. Hay muchas ocasiones en las que un líder tiene que predicar con el ejemplo. Si das el primer paso, depositando la confianza en tus empleados, es más probable que ellos te correspondan. Puedes hacerlo fomentando su desarrollo profesional, dándoles oportunidades o responsabilidades, o permitiendo que acudan a una reunión a la que no suelen asistir. Esto ayudará a su desarrollo. A nadie le gusta ser microgestionado, esto reduce la motivación de los empleados y les sugiere que no crees que puedan completar sus tareas de forma eficaz. La confianza no se puede construir sobre esta

base, ya que estas acciones sugieren una falta de confianza.

5. Coachea y anima a tu equipo. Ya hemos hablado de las responsabilidades de coaching del líder en el capítulo anterior, así que recuerda que desempeñas un papel vital en el desarrollo de tu personal y en el desarrollo de la confianza dentro de tu organización. Sin duda, el liderazgo auténtico cultiva la confianza. Así que, en lugar de actuar como una jefa "mandona" y reprender a tus empleados cuando creas que han rendido menos de lo esperado, fórmalos. Aconséjales, hazles las preguntas adecuadas para ayudarles a resolver sus problemas y guíales si es necesario.

6. Sé coherente. Cuando eres una líder, tienes que acompañar tus palabras con acciones. Preséntate cada día y practica lo que predicas. Deja claras tus expectativas y sigue las normas que establezcas. Ser coherente demuestra que eres digna de confianza y anima a tu personal a trabajar con un nivel más alto. ¡También aumentará tu confianza en el liderazgo!

7. Reconoce la importancia de las habilidades blandas y de la comunicación no verbal. Ambas son igual de poderosas y dicen mucho de una persona. La comunicación verbal es importante, puedes demostrar tus sentimientos, tu nivel de compromiso y tu

interés asintiendo con la cabeza, modificando el tono de voz, utilizando gestos con las manos y manteniendo el contacto visual. El lenguaje corporal positivo muestra nuestro lado humano, demuestra que somos genuinas y que somos cálidas, nos sentimos emocionadas o empáticas con la situación. Al hablar desde el corazón demuestras tu verdadera personalidad, nunca debes pretender ser algo que no eres.

8. Debes tener una cultura inclusiva. Hemos hablado mucho de la inclusividad en este libro, y debes recordar que una cultura disfuncional, impedirá que la organización alcance sus objetivos. La inclusividad garantiza que todos los empleados se sientan valorados y aceptados. Cuando existen oportunidades de promoción, igualdad salarial y beneficios para todos, todo el personal se siente valorado y suele ser más feliz en el trabajo. Una organización diversa reúne a una serie de personas y habilidades, todas con experiencias diferentes, lo que enriquece la cultura. La inclusividad ayuda a generar confianza, ya que promueve la aceptación.

9. La honestidad es la mejor política. La verdad es de vital importancia, aunque a veces sea difícil. A todos nos gusta ayudar y servir a los demás y ser honesta genera confianza y respeto. Nunca debes hacer promesas a los

miembros de tu equipo que no puedas cumplir, y aunque seas sensible a sus sentimientos, debes ser profesional. Es una buena idea mantener a tu equipo al día de todo lo que tiene que ver con el negocio, lo que significa ser lo más transparente posible. Si se producen cambios importantes y no has informado a tu equipo -pero es evidente que lo sabías antes que ellos- puedes perder su confianza. Cuando se pierde la confianza, es difícil recuperarla.

Es importante empezar a generar confianza con los miembros de tu equipo hoy mismo. Como líder, te corresponde actuar... ¡ahora! La base de un equipo eficaz depende de la confianza, ya que es un factor determinante del rendimiento de ese equipo. Como nueva líder, es importante que trabajes en fomentar la confianza de forma rápida y eficaz, para poder empezar a dar forma a tu equipo de alto rendimiento.

Recuerda siempre que eres una líder porque te lo mereces. Ya tienes unas habilidades increíbles, y ahora es tu turno de ayudar a tu equipo a sobresalir. Todo comienza con la confianza...

Hemos llegado al final de la sección III, recuerda dirigirte a la sección IV. Allí encontrarás todas las herramientas adicionales que necesitarás para dominar tus habilidades de liderazgo.

¡Es tu momento de empezar!

SECCIÓN IV – HERRAMIENTAS ADICIONALES QUE NECESITARÁS

Aunque ya tienes toda la información que necesitas para sobresalir como líder, es importante que también te sientas totalmente equipada para afrontar cualquier situación que se presente. Estás aquí porque eres la próxima líder súper exitosa, y vas a tener el mundo a tus pies aplicando tu nuevo, fresco y carismático estilo de liderazgo. Con este estilo, no sólo obtendrás resultados, sino que allanarás el camino para la próxima generación de líderes. ¡Eres el comienzo de una revolución en el liderazgo!

En esta sección, te proporcionaremos las herramientas que necesitas para descubrir tu estilo de liderazgo, y te prepararás con poderosas preguntas de coaching que puedes utilizar hoy mismo. También trabajarás con plantillas y planes para asegurarte de que estás preparada para establecer expectativas, crear planes de desarrollo, mejorar el rendimiento y corregir comportamientos que perduren en el tiempo.

"La calidad de un líder se refleja en los estándares que establece para sí mismo".

~ Ray Kroc

Como líder, ¡es tu momento de establecer los estándares para ti y para los demás!

CAPÍTULO 22
TU BUSCADOR DE ESTILO DE LIDERAZGO

H AY 10 ESTILOS DE LIDERAZGO COMUNES. EN ESTE capítulo, los analizaremos con más detalle. *¿Qué tipo de líder eres tú?*

Estilo Coaching

Puedes ser una líder de estilo coaching, si valoras el aprendizaje con fines de crecimiento, apoyas a tus empleados y prefieres ofrecer orientación en lugar de exigir. También si eres consciente de ti misma, te gusta utilizar cuestionarios guiados y siempre equilibras el hecho de proporcionar información con el de ayudar a los demás a encontrar sus propias respuestas.

Los beneficios de ser un líder coach, son que promueves el pensamiento libre, el desarrollo de la carrera profesional y empoderas a tu personal. Por tanto, se te considera una líder inspiradora y valiosa dentro de la organización. Si eres una líder coach, descubrirás que esto puede consumirte mucho tiempo, ya que necesitas pasar una cantidad considerable de tiempo con tus empleados de forma individual, por lo que incorporar este estilo el 30% del tiempo, te permitirá equilibrar tus tareas.

Estilo Visionario

Un líder visionario es inspirador, innovador y optimista. Trabajan de forma estratégica, pero su confianza les permite asumir riesgos. Tienen una personalidad magnética y a menudo se les describe como persistentes y audaces.

Los líderes visionarios a veces se centran tanto en el panorama general, que pierden oportunidades y detalles importantes, lo que significa que los miembros de su equipo a veces se sienten desatendidos. Esto es algo que se puede intentar remediar. Las ventajas de ser un líder visionario son que ayuda a unir a los equipos, a mejorar las prácticas anticuadas de la empresa y a contribuir al crecimiento del negocio.

Estilo Servicial

Este estilo de liderazgo está muy orientado a las personas. El líder se centra principalmente en lo que quiere el equipo, tanto personal como profesionalmente. Esto asegura que produzcan un trabajo excelente, que lo realicen de forma eficaz y que sean más productivos. Si tu equipo te respeta, eres capaz de comunicarte bien y de motivarles... bueno, podrías ser una líder servicial. Si es así, te preocuparás realmente por tus empleados y te sentirás comprometida a ayudarles a crecer profesionalmente. También les animarás a colaborar y a comprometerse. Los líderes serviciales son excelentes para motivar al personal a convertirse en los mejores. Se asegurarán de que los miembros su equipo sean excelentes tomadores de decisiones, confíen en su equipo, sean productivos y leales. Este tipo de líder es excelente para desarrollar a los líderes del mañana, pero a veces pueden sentirse agobiados por el nivel de responsabilidad que asumen y les puede resultar difícil ejercer su autoridad.

Estilo Autocrático

Si te centras en la competencia y los resultados, entonces podrías ser una líder de estilo autocrático. Son figuras autoritarias que suelen tomar las decisiones en solitario y proporcionan una dirección clara a sus empleados. Se motivan a sí mismos, tienen confianza en sí mismos y siempre siguen las reglas. Son muy fiables y se comunican regularmente de forma concisa y clara. Disfrutan de la estructura y les gusta supervisar a sus subordinados directos.

Los líderes de estilo autocrático impulsan la productividad y reducen el estrés que sienten los miembros de su equipo, debido a su capacidad para tomar decisiones rápidas. Estos líderes suelen sentirse responsables de todo lo que ocurre, lo que hace que se sientan estresados. También pueden ser inflexibles y cerrarse a las ideas de los demás, así que si este es tu caso... entonces una de las cosas a las que debes prestar atención es a tu voluntad de respetar el equilibrio entre la vida laboral y personal. Los líderes autocráticos pueden estresarse rápidamente.

Estilo laissez-faire

El estilo laissez-faire y los líderes autocráticos son polos opuestos, ya que los primeros buscan proporcionar muy poca o ninguna supervisión a sus empleados. Si eres es capaz de delegar eficazmente, sólo tomas el control cuando es necesario, y puedes ofrecer una crítica constructiva al mismo tiempo que proporciona recursos y herramientas competentes, entonces puedes ser una líder de estilo laissez-faire. Este estilo de líder tiende a promover un entorno de trabajo autónomo y ayuda a su equipo a fomentar sus habilidades y cualidades de liderazgo.

Aunque este estilo no siempre es adecuado para los nuevos empleados, que pueden necesitar orientación, apoyo, y formación adicionales, los líderes de estilo laissez-faire suelen ser capaces de crear un entorno de trabajo relajado, tienen una alta tasa de retención de personal y animan a sus subordinados directos a ser responsables de sus propias acciones y desarrollo.

Estilo Democrático

Este estilo de liderazgo demuestra que valoras a tu equipo incluyéndolo en las decisiones y en las discusiones de grupo, al tiempo que promueves un entorno en el que todos pueden compartir sus ideas y opiniones. Un líder democrático puede resolver los conflictos con facilidad y se mantiene flexible. Tiene en cuenta las opiniones de los demás, incluido su equipo, y está abierto a recibir comentarios. El líder democrático eleva la moral y empodera a su personal. Como los empleados participan en la toma de decisiones, saben lo que tienen que hacer. Por lo tanto, estos líderes no necesitan supervisar el progreso de cerca. A veces este estilo de liderazgo es ineficaz, y si hay un miembro del personal al que no le gusta compartir públicamente sus ideas, podría sentirse presionado por este enfoque.

Estilo que Marca el Paso

Los líderes que marcan el paso, logran resultados rápidamente. Se centran en el rendimiento. Establecen estándares elevados, son excelentes para motivar a los demás y hacen que su equipo sea responsable. Si te se centras en los objetivos, tienes un alto nivel de exigencia y valoras el aumento del rendimiento por encima de todo, podría ser una líder que marca el ritmo. Si es así, estarás dispuesta a arremangarte y ayudar al equipo a alcanzar los objetivos si la situación lo requiere.

Si bien el líder que marca el paso empuja a los empleados a alcanzar los objetivos, suele ser lento a la hora de elogiar a los demás. Esto podría desmotivarlos. Tu equipo puede sentirse estresado, y la dinámica del ambiente de trabajo puede significar una falta de claridad. Son excelentes para promover entornos de trabajo dinámicos e inyectar energía a su personal.

Estilo Transformacional

Si eres inspiradora, alentadora y sueles reflexionar sobre el panorama general, podrías ser una líder transformacional. Este estilo de liderazgo se centra en el establecimiento de objetivos, la mejora de la motivación de los empleados y la comunicación clara. Están comprometidos con los objetivos de la organización y han formado un admirable grado de respeto mutuo con su equipo. Son creativos y no participan en la supervisión constante cuando dirigen a su equipo. Este tipo de liderazgo es ético y está orientado a los objetivos. Estos líderes valoran las conexiones personales con sus equipos, lo que aumenta la retención y la moral de los empleados. A veces, los individuos bajo su mando pueden sentirse ignorados, sintiendo que sus triunfos pasan desapercibidos, ya que estos líderes se centran en la propia transformación y no en los hitos conseguidos.

Estilo Transaccional

Se trata de una persona que valora la estructura corporativa y es a la vez pragmática y práctica, al tiempo que cree que la autoridad no debe ser cuestionada. Les encanta alcanzar los objetivos, pero a veces pueden ser reaccionarios. También son conocidos por microgestionar mientras se centran en el rendimiento, los objetivos y los incentivos.

Los beneficios de ser un líder de estilo transaccional son: Ser excelente en la consecución de objetivos y también en ayudar a los demás a hacerlo. A veces, las personas que dirigen de este modo son conocidas por quedar atrapadas en objetivos a corto plazo, limitar la creatividad y desmotivar a los empleados. Si este es tu estilo, asegúrate recordar los objetivos a largo plazo para no perderlos de vista.

Estilo Burocrático

Eres una líder burocrática si tiene un carácter fuerte, eres autodisciplinada y está orientada a los detalles. Aunque te centras en las tareas que tienes entre manos, tienes una gran ética de trabajo y realmente valoras la estructura y el cumplimiento de las normas en el lugar de trabajo. Te comprometes y esperas que tu equipo siga las reglas.

Este tipo de liderazgo es realmente eficiente, y los equipos suelen ser capaces de cumplir los objetivos y las metas con facilidad. Sin embargo, este tipo de líder, puede tener dificultades para crear vínculos personales estrechos con los miembros del equipo. Pueden restringir la creatividad de algunos empleados y a veces tienen dificultades con los cambios.

¿QUÉ TIPO DE LÍDER ERES?

Tienes que profundizar y pensar qué estilo de liderazgo es el más adecuado para ti. Puedes pensarlo respondiéndote las siguientes preguntas:

1. *¿Me gusta tomar decisiones sola, o me gusta recibir opiniones?*
2. *¿Valoro más los objetivos o las relaciones en el trabajo?*
3. *¿Son más importantes para mí los objetivos a corto o a largo plazo?*
4. *¿Me gusta la estructura o prefiero un enfoque más flexible?*
5. *¿Cómo es la dinámica de equipo ideal para mí?*
6. *¿Prefiero empoderar a los demás, o darles dirección?*

Considera realmente tus respuestas y averigua qué categoría de liderazgo se ajusta mejor a ti. A continuación, puedes utilizar la información para trabajar en tus áreas de desarrollo y en tus retos, al tiempo que utilizas tus fortalezas como líder.

CAPÍTULO 23

70 PREGUNTAS PODEROSAS DE COACHING

UNQUE YA HEMOS HABLADO DE LAS VENTAJAS DE QUE UN líder adopte el coaching, este también debe ser capaz de hacer las preguntas correctas. Para ayudarte a prepararte, hemos creado 70 poderosas preguntas de coaching que te ayudarán a transitar tu viaje de coaching.

Es posible que hayas oído hablar del modelo GROW. Se trata de un marco muy común utilizado en el coaching. GROW es un acrónimo de Goals (objetivos), Reality (realidad), Options (opciones) y Will (voluntad de actuar). Las preguntas que trataremos a continuación se basan en este marco. Recuerda, al formular estas preguntas, tómatelo con calma y deja un tiempo para pensar antes de esperar que tus empleados respondan.

Objetivos

Las primeras 10 preguntas que te ayudarán a ganar claridad en cuanto a los objetivos:

1. ¿Qué esperas conseguir con la conversación de hoy?
2. Si tuvieras que elegir un objetivo a alcanzar, ¿cuál sería?
3. ¿Qué quieres que ocurra respecto a (situación/tarea)?
4. ¿Qué es lo que realmente quieres?
5. ¿Qué resultado pretendes conseguir?
6. ¿Qué te gustaría conseguir?
7. Si pudieras cambiar algo, ¿qué sería?
8. ¿Qué resultado es el ideal para ti?
9. ¿Por qué quieres conseguir ese resultado o alcanzar ese objetivo?
10. ¿Qué beneficios obtendrás si logras tu objetivo?

Realidad

Las siguientes 20 preguntas se centran en la realidad actual en la que te encuentras y te ayudarán a ganar claridad:

1. ¿Qué está sucediendo actualmente y qué sucederá como resultado (piensa en la causa y el efecto - quién, qué, cuándo y con qué frecuencia)?
2. ¿Qué pasos has dado ya para alcanzar tu objetivo?

3. Dime, ¿qué has hecho (descríbelo)?
4. ¿Crees que estás en camino de lograr tu objetivo?
5. ¿En qué punto te encuentras actualmente, en una escala del 1 al 10?
6. Dime, ¿qué progresos has hecho hasta ahora?
7. ¿Qué crees que ha contribuido a tu éxito hasta ahora?
8. ¿Qué es lo que está funcionando para ti?
9. ¿Qué es exactamente lo que se requiere de ti?
10. ¿Qué te ha impedido alcanzar tu objetivo?
11. ¿A qué crees que se debe?
12. ¿Qué crees que ha pasado realmente?
13. ¿Quién más ha conseguido ese objetivo concreto?
14. ¿Qué has aprendido hasta ahora?
15. ¿Qué métodos has probado ya?
16. ¿Crees que puedes revertir la situación?
17. ¿Qué podrías hacer mejor?
18. Si le preguntaras a (otro miembro del equipo), ¿qué crees que diría sobre ti / esto?
19. Si alguien dijera o hiciera [esto], ¿cómo responderías?
20. ¿Qué tan grave, seria o urgente es la situación en una escala de 1 a 10?

Opciones

Si entiendes tu realidad, tendrás una comprensión más clara de la situación. Esto significa que puedes explorarla más a fondo revisando tus opciones. Esto te ayudará a considerar soluciones. Las siguientes 20 preguntas te ayudarán a explorar las opciones:

1. ¿Qué opciones tienes?
2. ¿Cuáles crees que deberían ser tus próximos pasos?
3. ¿Cuál debería ser tu primer paso?
4. ¿Qué podrías hacer mejor, para asegurarte de obtener el resultado que deseas?
5. ¿Qué más podrías haber hecho?
6. ¿Hay alguien más que podría ayudarte?
7. Si no haces nada, ¿qué pasará?
8. ¿Qué es lo que te ha funcionado en el pasado y cómo crees que podrías hacer más de eso mismo?
9. Si lo hicieras, ¿qué crees que pasaría?
10. ¿Qué parte te resulta más difícil?
11. Si estuvieras aconsejando a un amigo, ¿qué le dirías?
12. ¿Qué podrías ganar o perder al hacer o decir eso?
13. ¿Qué crees que pasaría si alguien te dijera o te hiciera eso?
14. ¿Qué es lo mejor o lo peor que podría pasar respecto a esa opción?
15. Si tuvieras que elegir, ¿qué opción tomarías ahora mismo?
16. ¿Cómo enfocarías esto, basándote en tu experiencia previa en situaciones similares?
17. ¿Hay algo que podrías hacer de forma diferente?

18. ¿Conoces a alguien que se haya enfrentado a una situación como ésta?
19. ¿Qué harías tú, de ser posible?
20. ¿Hay algo más que podrías hacer?

Voluntad

Las últimas 20 preguntas se centran en la voluntad (es el camino a seguir), ya que es el último paso del modelo GROW. El objetivo de esto es ayudar a tus empleados a crear un plan de acción para que sepan cómo avanzar o resolver el problema en cuestión:

1. ¿Cómo vas a seguir adelante?
2. ¿Qué crees que tienes que hacer inmediatamente?
3. ¿Podrías explicar cómo lo harás?
4. ¿Cómo sabrás cuando lo hayas completado?
5. ¿Qué más podrías hacer?
6. ¿Crees que es probable que tu plan tenga éxito? En una escala de 1 a 10, ¿cuál crees que sería la probabilidad?
7. ¿Qué haría que esta aumentara a 10?
8. ¿Qué obstáculos te impiden alcanzar el éxito?
9. ¿Qué planes necesitas hacer o qué obstáculos esperas encontrar?
10. ¿Existe algún recurso que pueda ayudarte?
11. ¿Qué te está faltando?
12. Si das un pequeño paso ahora, ¿dónde estarás?
13. ¿Cuándo planeas empezar?

14. Si tienes éxito, ¿cómo lo sabrás?
15. Si quieres conseguirlo, ¿qué apoyo necesitarás?
16. ¿Qué pasaría si no lo hicieras? ¿Cuál sería el costo (tiempo / dinero, etc.)?
17. ¿Qué necesitas de los demás para conseguirlo?
18. ¿Qué tres acciones podrías llevar a cabo esta semana para acercarte a tu objetivo?
19. En una escala del 1 al 10, ¿qué grado de motivación o compromiso tienes para conseguirlo?
20. ¿Cómo puedes conseguir llegar al 10?

Estas preguntas son de sondeo, para que puedas ayudar a tus empleados a resolver cualquier problema, a superar los obstáculos y a emprender sus tareas. Las conversaciones no tienen que ser meticulosas... ¡tienen que ser estimulantes! Con el tiempo, fluirán mejor y se sentirán más naturales. Recuerda que la práctica hace la perfección.

CAPÍTULO 24
EXPECTATIVAS - CÓMO ESTABLECERLAS

COMO LÍDER, ES IMPORTANTE QUE ESTABLEZCAS LAS expectativas con respecto a tus empleados de la forma más clara posible. Tener expectativas claras beneficia a la empresa y a su personal, ya que la productividad y el rendimiento aumentan cuando todos saben lo que se espera de ellos.

Fijación de expectativas

Si quieres establecer expectativas para tu personal, hay cinco cosas que debes determinar para hacerlo con eficacia:

- ¿Cuáles son las expectativas respecto a los empleados? La organización habrá fijado sus expectativas respecto a sus empleados. Por ejemplo, es posible que tengan que mostrar una actitud positiva, ser honestos, ser respetuosos, completar su trabajo con un alto nivel de calidad, seguir las políticas y los procedimientos, y comportarse de manera profesional en todo momento. A su vez, tu empleado también tendrá expectativas. Estas incluyen la expectativa de recibir un trato justo, de recibir apoyo formativo y liderazgo, de cobrar a tiempo, de trabajar en un entorno seguro, de recibir información periódica sobre su rendimiento y de estar informado sobre las responsabilidades del trabajo y de las políticas y procedimientos.

- ¿Cuáles son las expectativas del equipo? Aunque las expectativas del equipo son similares a las individuales, no son las mismas. Cada miembro del equipo debe ser responsable de los objetivos del equipo, ya que son necesarios para garantizar la cohesión de las prácticas de trabajo y la productividad. Las expectativas del equipo suelen basarse en los comportamientos de los miembros de ese equipo. Por ejemplo, ser responsables de su trabajo, ser flexibles, respetarse mutuamente, pedir ayuda o retroalimentación cuando sea necesario y tener la garantía de que se trabaja en un entorno seguro. Como líder, tienes que ser consciente de todas estas expectativas, para poder ayudar a los miembros de tu equipo a cumplirlas. Debes predicar con el ejemplo.

- ¿Cuáles son las expectativas de rendimiento? Debes pensar en cómo deberían actuar tus empleados, así que piensa en lo que tienen que conseguir y se específica. Las expectativas de rendimiento te permiten avanzar hacia los objetivos de la empresa y pueden utilizarse para supervisar el progreso. Para establecer las expectativas de rendimiento, informa a los miembros de tu equipo de la meta que deseas alcanzar. Utiliza metas SMART y fija objetivos para asegurarte de que tus empleados tienen claro cómo pueden alcanzarlos y qué es lo que tienen que hacer. En esencia, tú proporcionarás el mapa que ellos seguirán.
- ¿Cómo comunicas y gestionas las expectativas? Asegúrate de comunicar y gestionar las expectativas con claridad. Es una buena idea reunirte con tus empleados y asegurarte de que les das la oportunidad de hacer preguntas y buscar orientación. Procura ser localizable y accesible, por si tienen alguna pregunta más tarde, y asegúrate de explicar la importancia de estas expectativas. Es bueno mantener reuniones individuales y hablar regularmente de los proyectos en curso y las oportunidades de desarrollo. Asegúrate de destacar cualquier objetivo en un formato claro y sencillo. Puedes hacerlo durante una reunión o por correo electrónico. A continuación, gestiona los avances mediante el seguimiento de los miembros de tu equipo,

o pidiéndoles que te pongan al día (diaria, semanal, quincenal o mensualmente, dependiendo del proyecto).

UNA GUÍA PASO A PASO PARA ESTABLECER LAS EXPECTATIVAS DE TU EQUIPO

Pasos que puede dar para fijar las expectativas de los miembros del personal nuevo y existente:

- Determina cuáles son tus expectativas. Haz una lista de expectativas realistas para tu personal. Piénsalas bien y ten cuidado de no exigir demasiado. Que sean alcanzables y justas.
- Evita las confusiones dejando claras tus expectativas; ya hemos hablado de ello. Ayuda a tus empleados a fijar objetivos y a mantener conversaciones abiertas, al tiempo que resuelves sus dudas. Asegúrate siempre de que entienden perfectamente tus expectativas.
- Infórmale a los miembros del equipo por qué son importantes las expectativas. Una cosa es explicar lo que una persona debe hacer, pero lo importante es explicar el "por qué" que hay detrás. Al explicar el por qué y subrayar la importancia, los motivarás, ya que verán el panorama general y comprenderán cómo contribuyen a la empresa.

- Aporta ejemplos que muestren por qué las expectativas son importantes. Esto puede ayudar realmente a que tu personal lo entienda. Por ejemplo, mantener una actitud positiva reduce el estrés y aumenta la moral. Otro ejemplo sería el de trabajar de forma puntual, lo que garantiza que las operaciones se realicen sin esfuerzo y que se cumpla con la agenda.
- Consigue compromisos y acuerdos. Haz que tus empleados firmen estas expectativas. Si se comprometen con ellas y están de acuerdo, es más probable que las cumplan. Esto, a su vez, les dará una sensación de logro y responsabilidad.

Ya estás preparada para establecer expectativas claras para tus subordinados directos y podrás hacerlo con confianza.

CAPÍTULO 25
PLAN DE DESARROLLO INDIVIDUAL (PDI)

U N PLAN DE DESARROLLO INDIVIDUAL ES UNA HERRAMIENTA que todos los líderes exitosos utilizan para ayudar a los empleados a desarrollarse y crecer. Puede ayudarles a centrarse en sus objetivos profesionales y en su rendimiento, así como a mantenerlos motivados.

Un plan de desarrollo individual es un acuerdo entre tú y tus empleados. En él se detalla cómo van a mejorar su rendimiento. Se personaliza para satisfacer las necesidades del empleado, y debe incluir los detalles de cualquier habilidad que el empleado quiera desarrollar. Se trata de un plan de acción que expone las fortalezas, las debilidades y los objetivos.

¿QUÉ ES UN PLAN DE APRENDIZAJE INDIVIDUAL?

Los planes son mucho más eficaces -y más sencillos- cuando se sigue una plantilla, así que echa un vistazo al plan paso a paso de las cosas que debes incluir que figura a continuación:

- **Objetivos profesionales.** ¿Quieren un ascenso/desarrollo profesional?
- **Aspiraciones.** ¿En qué proyectos quieren involucrarse o qué aspiran a ser/hacer?
- **Talentos y fortalezas.** ¿Cuáles son sus principales competencias, habilidades y talentos? ¿Qué feedback positivo podría abordar estas fortalezas?
- **Oportunidades de desarrollo.** ¿Qué oportunidades les podrían surgir para mejorar? Por ejemplo, un seguimiento de su trabajo o una formación.
- **Un plan de acción** (con objetivos): ¿qué objetivos persiguen y cómo los van a alcanzar? Fija un objetivo final y luego, trabaja hacia atrás para determinar los pasos que vas a dar para llegar desde donde está la persona ahora hasta dónde quiere llegar.

Un plan de desarrollo individual es una herramienta útil porque te permite supervisar el progreso y asegurarte de que has cumplido ciertos pasos. También te puede garantizar que conoces sus fortalezas y a la vez, te permite detectar las posibles áreas a mejorar.

CÓMO IMPLEMENTAR UN PLAN DE DESARROLLO INDIVIDUAL

Para poner en práctica un plan de desarrollo individual, debes agendar reuniones individuales con cada uno de tus empleados, luego, elabora tu propio plan para asegurarte de que las conversaciones con ellos sean eficaces.

Comienza por tu propio plan. Piensa en cómo tu jefe te animó a mejorar. Evalúate a ti misma de forma honesta. A continuación, prepárate para las conversaciones que mantendrás con los miembros de tu equipo. Recuerda cubrir todos los puntos del plan anterior, paso a paso.

Depende de ti, como su líder, ayudarles a añadir sustancia a su plan. Ten en cuenta estas preguntas para hacer que todo fluya:

1. ¿Qué crees que pueden lograr los miembros de tu equipo en el desempeño de sus responsabilidades cotidianas?
2. ¿Puede tu empresa disponer de tiempo y dinero para permitirles concretar estas oportunidades de desarrollo? Si fuera así, ¿de cuánto podría disponer?
3. ¿Has incluido pasos de acción -específicos y mesurables- que te permitan supervisar el progreso?
4. ¿Cómo beneficiará esto tanto al empleado como a la empresa?

Una vez que sepas lo que es factible y realista, podrás considerar realmente cómo pueden alcanzar sus objetivos. Asegúrate de tener claro cómo se beneficiarán tanto la organización como los individuos.

PLAN DE DESARROLLO

Un plan de desarrollo incluirá la siguiente información:

Nombre del empleado:
Papel, función y título del puesto:
Ubicación:
Fecha:
Objetivos y aspiraciones profesionales:
Fortalezas y talentos:
Oportunidades de desarrollo:

Plan de acción (objetivos o pasos):

- Paso o acción:
- Agenda:
- Costos y condiciones:

EJEMPLO DE PLAN DE DESARROLLO

Nombre del empleado: *Diane Williams*
Papel, función, cargo: *Ventas y marketing, ejecución de campañas de marketing en las redes sociales, asistente de marketing*
Ubicación: *Los Ángeles*
Fecha: *12/12/2022*

Objetivos y aspiraciones profesionales:

1. *Ascenso a un puesto de liderazgo*
2. *Sobresalir en el rol actual y asumir más responsabilidades para la próxima campaña de marketing*

Fortalezas y talentos:

Capacidad de organización
Cumplimiento de plazos
Habilidades de comunicación
Pensamiento creativo

Oportunidades de desarrollo:

1. *Realizar un seguimiento del trabajo de otras personas con más experiencia (job shadow), incluido su líder, para conocer sus funciones y responsabilidades*
2. *Asumir el liderazgo cuando su líder no esté disponible y mantener al líder al corriente de los progresos por correo electrónico*
3. *Superar las expectativas mínimas creando contenidos atractivos y de alta calidad que se transformen en ventas.*

Plan de acción (objetivos o pasos):

- **Paso o acción:** *Investigar a los clientes a los que atraen los productos del negocio y apuntar a*

aumentar los compromisos en tu campaña de
marketing en redes sociales en un 50%
- **Agenda:** *Realizar la campaña de marketing*
durante 4 semanas, en tres canales: Facebook,
LinkedIn e Instagram.
- **Costos y condiciones:** *Conseguir una mejora del*
20% en las tasas de conversión sin aumentar el
presupuesto de marketing de la empresa para este
proyecto.

PREGUNTAS FRECUENTES SOBRE EL PLAN DE DESARROLLO INDIVIDUAL

1. ¿En qué se diferencia un plan de desarrollo individual de una evaluación del rendimiento? La evaluación del rendimiento se centra en el rendimiento de la persona en su puesto actual, mientras que el plan de desarrollo se centra en cómo puede desarrollarse y crecer en relación con su desarrollo profesional.
2. ¿En qué se diferencian los ejemplos de un plan de desarrollo individual de un plan de desarrollo personal?

No hay necesariamente una diferencia, pero algunas organizaciones prefieren llamarlos de una forma o de otra.

1. ¿Por qué debería crear un plan de desarrollo individual? Demuestra que, como líder, estás

ahí para ayudar a tus empleados a desarrollarse y crecer profesionalmente. Demuestra que inviertes en ellos y en tu empresa. Este nivel de inversión se traduce en mayores niveles de productividad.

2. ¿Deben ser obligatorios los planes de desarrollo individual? Como son algo nuevo, es mejor discutir los planes con los empleados para que no se sientan excluidos. A menudo, las personas se muestran escépticas cuando revisan su propio rendimiento, y esto puede causarles ansiedad.

CAPÍTULO 26
PLAN DE MEJORA DEL DESEMPEÑO (PIP)

N PLAN DE MEJORA DEL DESEMPEÑO ES UNA HERRAMIENTA QUE suele utilizarse cuando un empleado tiene un mal rendimiento. Es una oportunidad para mejorar y hacer cambios. Garantiza que haya metas y objetivos claros para ayudar a mejorar su rendimiento. Como líder, es tu trabajo implementarlo si es necesario. Pero, *¿qué es exactamente un plan de mejora del desempeño?*

¿QUÉ ES UN PLAN DE MEJORA DE DESEMPEÑO?

Se trata de un documento en el que se detallan las necesidades de mejora de un subordinado directo y lo que ello implica. Detallará la formación y las habilidades que necesita el empleado, este debe incluir objetivos claros y los próximos pasos que el empleado tendrá que seguir para mantener su empleo o función actual. El propio plan puede adaptarse. Por lo tanto, aunque puede utilizarse cuando hay que introducir mejoras importantes, también puede utilizarse para abordar problemas menores.

PROPÓSITO Y BENEFICIOS DE UN PLAN DE MEJORA DE DESEMPEÑO

Los PIP se utilizan a menudo para resolver problemas de bajo rendimiento, como forma de retener a un empleado mientras se intenta que rectifique el problema. Por supuesto, esto tiene muchos beneficios, entre ellos:

1. Mejora la cultura en la empresa. La empresa responde de forma más positiva al intentar ayudar al personal a mejorar y promover la responsabilidad. Esto claramente es mejor que simplemente dejar ir o reprender a sus empleados por su rendimiento. Puede hacer que los miembros de tu equipo se sientan más valorados.
2. Ahorra dinero y tiempo. La rotación de personal es muy cara y requiere mucho tiempo, por lo que es mucho más fácil desarrollar, apoyar y retener a los empleados que ya tienes. Esto es más rentable y supone un mejor uso del tiempo. Piensa en el proceso de contratación y la formación necesaria para los nuevos miembros del personal... ¡entonces te darás cuenta de por qué es mucho más eficiente! En

promedio, se tarda entre seis meses y un año en que un nuevo empleado se sienta cómodo en su puesto y la empresa se ahorrará cientos de miles en gastos de contratación.

3. Es más eficaz que una evaluación de desempeño. Por lo general, las evaluaciones de desempeño se realizan al final del año, mientras que un plan de mejora personal puede ponerse en marcha en cualquier momento, ya que es mucho más específico. Los empleados no siempre reaccionan bien al feedback -o incluso pueden creer que una se equivoca-, así que los PIP son útiles porque son claros y están enfocados. Los empleados ven dónde deben mejorar, ya que los pasos están claramente definidos. Esto les permite sentirse animados a hacerlo mejor.

UN EJEMPLO DE PLAN DE MEJORA DE DESEMPEÑO

En primer lugar, es importante mantener una conversación con el empleado y elaborar un proyecto de plan. A continuación, debe ser revisado por RRHH, para que esté de acuerdo.

Este es un ejemplo de cómo puedes buscar mejorar la calidad de trabajo. Se recomienda establecer:

- **Propósito.** El objetivo final es mejorar la calidad de tu trabajo (puedes ser más específica aquí cuando trabajes con tus empleados)

- **Objetivos.** Estos son los pasos que darás para lograr tus objetivos, y los plazos son importantes aquí también. Si quieres mejorar la calidad de tu trabajo, tu objetivo podría ser producir un trabajo que incluya la información correcta y no tenga errores.
- **Acción.** Debes completar la acción antes de la fecha acordada, es decir, producir un trabajo que incluya la información correcta y esté libre de errores.
- **Métricas.** Se utilizan para medir tu rendimiento, por lo que si te retrasas en el cumplimiento de un plazo o la calidad de tu trabajo no está a la altura de lo acordado, tus métricas serán más bajas.

CÓMO ELABORAR UN PLAN DE MEJORA DE DESEMPEÑO

Ahora que tienes la información pertinente, es el momento de reunirla y redactar tu plan. Puedes seguir los siguientes pasos:

- Determina el nivel de desempeño aceptable. Debes informar a tus empleados lo que esperas de ellos, así que hazles saber lo que es aceptable en lo que respecta a su desempeño. Asegúrate de informar de antemano a tu empleado, qué es lo que puede esperar de la reunión... ¡no te limites a sacar un documento y empezar a discutir los problemas! Ambos deben contribuir y comprometerse con la causa.

- ¿Qué objetivo mensurable se puede establecer? Tendrás que determinar los objetivos que debe cumplir tu empleado para conseguir mejoras. Para ello puedes utilizar el marco SMART. Es importante intentar averiguar cuál es la causa principal del asunto, ya que esto puede ayudar a determinar cómo podría mejorar. Hay que localizar el problema antes de poder resolverlo.
- Define el apoyo que ofrecerás a tu empleado. Considera realmente cómo puedes ayudar a tu empleado a alcanzar su objetivo PIP. Tal vez tengas que formar o coachear a tu empleado a lo largo del proceso para ayudarle a ganar confianza. El apoyo les animará a tener éxito.
- Programa reuniones para comprobar los progresos. Asegúrate de acordar la frecuencia con la que se reunirán y anótala en tu agenda. Envíales un correo electrónico rápido para recordarles la reunión y ver cómo les está yendo. De este modo, los miembros de tu equipo tendrán la oportunidad de comunicar cualquier problema que tengan a medida que vayan surgiendo.

- Deja claras las consecuencias. Es importante que informes a tus empleados de las posibles consecuencias si no realizan las mejoras pertinentes. Aun así, intenta ser positiva haciéndoles saber lo que hacen bien, y asegúrate de que firmen el PIP para demostrar su compromiso con el proceso.

¿CUÁL ES LA MEJOR MANERA DE RESPONDER A UN PLAN DE MEJORA PERSONAL?

Si se te ha establecido un plan de mejora personal, o tú has establecido uno para otra persona, asegúrate de esforzarte por lograr lo que se ha señalado en él. El director debe repasar los objetivos de tu plan, pero sólo tú puedes tomar la decisión -y las medidas necesarias- de alcanzarlos.

Si crees que tu futuro no está en la empresa, informa a tu empleador de que no continuarás en la organización, ya que esto ahorrará a todos tiempo y energía. Si quieres conservar tu puesto de trabajo, considera el PIP como algo positivo. Recuerda que a veces es necesario aprender de los errores y del feedback positivo, y un PIP te ayudará a hacerlo.

¿CÓMO PUEDO SOBREVIVIR A UN PLAN DE MEJORA DE DESEMPEÑO?

Tu PIP se creó para ayudarte a mejorar. El resultado final es que te conviertas en una empleada más valiosa y calificada. Si realmente quieres sobrevivir a tu plan, o incluso sacarle el máximo partido, intenta:

- Hacer de tu trabajo una prioridad absoluta, por encima de todo lo demás
- Buscar ayuda cuando la necesites, no te quedes sin hacer nada si no estás segura, ya que esto retrasará tu progreso
- Mantenerte positiva asegurándote de que tu actitud no cambie por ello. Simplemente, ¡invierte tu energía en hacer las mejoras que debes hacer!

CAPÍTULO 27

CORRIGE EL COMPORTAMIENTO DE FORMA DURADERA, PLANTILLA

L IDIAR CON EL CONFLICTO ES PARTE DEL TRABAJO. ASEGÚRATE de que cuando corrijas un comportamiento, su efecto sea duradero. No tendrás tiempo para corregir constantemente a las personas. Tienes otras prioridades. Este capítulo se centra en cómo ajustar el comportamiento y hacer que se mantenga en el tiempo, mediante conversaciones y accountability partners.

¿POR QUÉ ES DIFÍCIL EL CAMBIO DE COMPORTAMIENTO, Y POR QUÉ ESTOS CAMBIOS NUNCA DURAN SI NO SE HACEN CORRECTAMENTE?

El bajo rendimiento es una cuestión delicada. Los hábitos suelen ser difíciles de cambiar, pero no es algo imposible si se hace correctamente. Por ejemplo, es posible que un líder o gerente anterior haya permitido que el equipo trabaje de una manera determinada que no funciona. Cuando alguien está acostumbrado a comportarse de una manera determinada, puede no ver por qué tiene que cambiar. Como líder, tienes que ayudarles a verlo. Puede que no se tomen en serio lo que dices, y si no intentas cambiar el comportamiento a largo plazo, los "viejos comportamientos" volverán pronto. Eso es porque los cambios a largo plazo llevan tiempo.

Si realmente quieres hacer un cambio, debes conseguir que tus empleados se comprometan plenamente con el cambio. Tienen que estar dispuestos a invertir su tiempo y a mantenerse comprometidos con el cambio.

¿CÓMO PUEDE HACERSE DE FORMA EFICAZ?

Si tu objetivo es modificar los comportamientos, prueba con la siguiente plantilla. Es conveniente que primero evalúes y comuniques el problema a tu empleado antes de elaborar un plan de acción. Empieza por:

1. Identificar el comportamiento problemático
2. Establece una norma: ¿cómo deberían comportarse?
3. Establece tu objetivo, utilizando el marco SMART
4. Mantén una conversación con el miembro de tu equipo. Explícale el problema, identifica el comportamiento correcto, habla sobre el

objetivo que has establecido para ellos y por qué es importante que hagan el cambio.

5. Realiza revisiones periódicas del progreso para chequear el comportamiento y estar segura de que proporcionas la formación, instrucciones o los recursos adecuados para ayudar al empleado en cuestión. La corrección es parte de todo el proceso de feedback, la mayoría de las veces, las personas quieren hacerlo bien y, por lo tanto, están dispuestas a trabajar para conseguir mejorar de acuerdo al objetivo. Si no están predispuestos, un PIP no ayudará, y lo más probable es que tengas que involucrar a RRHH.

6. Céntrate siempre en el problema, no en la persona. La persona es valiosa, lo que hay que corregir es el error. Como líder, es tu responsabilidad hacer esa distinción.

7. ¡No guardes rencores! Hacerlo estropeará la atmósfera positiva y creará un ambiente negativo y amargo. Esto podría afectar al progreso de todos los miembros de tu equipo.

8. No pierdas la calma, ni seas sarcástica, no amenaces, reprendas, ni humilles a los miembros de tu equipo cuando corrijas su comportamiento. Como líder, tienes la responsabilidad de mantener la profesionalidad en todo momento. Sé que esto es de sentido común, pero te sorprendería saber cuántas veces ocurre.

9. Asigna a un "accountability buddy", un compañero que lo supervise y acompañe para mantener al empleado en el camino. Esto ayudará a que el empleado no sienta que sólo tiene que responder ante los líderes y gerentes. A veces, esto es un poco más motivador y menos formal. Facilita que el empleado se enfrente al problema.

¿QUÉ ES UN ACCOUNTABILITY PARTNER Y CÓMO PUEDO UTILIZARLO?

Un accountability partner es alguien con quien formas un equipo y que está dispuesto a ayudarte a monitorear tus acciones y a asegurarte de que alcanzas tus objetivos. A su vez, tú también le pides cuentas a él. Es una especie de sociedad. Ambas partes se ayudan mutuamente a alcanzar sus objetivos finales.

Para utilizar un accountability partner, se establece un acuerdo entre las dos partes. La honestidad y la integridad son cruciales para que esta relación funcione, por lo que es importante que ambas partes estén abiertas a dar y recibir un feedback sincero. Lo normal es que los socios se reúnan brevemente una vez a la semana y discutan una meta u objetivo que quieren alcanzar esa semana, al tiempo que discuten su "por qué". Ambos se reúnen al final de la semana para hablar de sus progresos.

Cuando te reúnas con un accountability partner, estas son algunas preguntas que puedes considerar:

- ¿Cómo crees que te ha ido en la semana?
- ¿Qué progresos has hecho?
- ¿Hay algo que hubieras hecho de forma diferente?
- ¿Has conseguido tu objetivo?
- ¿Cómo lo lograste/por qué no lo lograste?
- ¿Cuál ha sido tu mayor aprendizaje esta semana?

Si trabajas con un accountability partner para modificar tu comportamiento, asegúrate de ser coherente. No lo evites si sientes que no has hecho el progreso que esperabas. Para que esto funcione, todos deben estar comprometidos.

Los accountability partners son un gran incentivo. Si eres una líder ocupada (probablemente lo eres), es útil emparejar a un par de miembros de tu equipo para que se apoyen entre ellos de esta manera. El cambio de comportamiento puede llevar tiempo, así que se paciente, asegúrate de seguir apoyando a tus empleados y chequea regularmente el proceso para evaluar su transformación.

Ya has llegado al final de la sección IV, lo que significa que tienes muchas herramientas disponibles para ayudarte a ser una líder eficaz e innovadora. Una vez que hayas leído la conclusión, estarás totalmente equipada para ser la mejor líder que puedas ser... ¡Y más!

¡Lo has conseguido!

HERRAMIENTAS ADICIONALES QUE NECESITARÁS

REFLEXIONES FINALES

HAS LLEGADO AL FINAL DE ESTE LIBRO, LO QUE SIGNIFICA que cuentas con las estrategias y herramientas que necesitas para mejorar tu posición como líder femenina. Como mujeres, tenemos una gran responsabilidad. ¿Por qué? Porque nuestro estilo de liderazgo ¡es tan único, y sin embargo nos encontramos trabajando más que nunca para lograrlo!

A lo largo de este libro, has explorado tu propio estilo de liderazgo y has aprendido a superar tus propios límites. Has aprendido a liderarte a ti misma, a tus subordinados directos y a tu equipo. A estas alturas, deberías poner en práctica lo que has aprendido: es valioso, así que ¿por qué esperar? Especialmente si quieres impulsar tu carrera.

Las claves fundamentales que habrás aprendido a lo largo de este libro son las siguientes:

- La edad es sólo un número, y nunca debería influir en el éxito que tengas como líder
- El liderazgo empieza por conocer tus atributos clave, puedes utilizar tus fortalezas para liderar a los individuos y a tu equipo, y destacar en tu rol de líder
- Un buen feedback es importante para el crecimiento. Aunque por supuesto debe ser positivo, también debe ser constructivo e incluir alguna enseñanza
- Es una buena idea conseguir un mentor antes de empezar a coachear o ser mentor de otros, ya que esto te ayudará a desarrollarte antes de poder desarrollar realmente a otros

Además, debes reconocer que tienes todo lo que se necesitas para ser una gerente dinámica y excepcional, ¡y ese talento no debe ser desperdiciado!

Aunque sé que ya eres increíble, quiero dejarte con esta última cita:

"Si tus acciones crean un legado que inspira a otros a soñar más, aprender más, hacer más y convertirse en más, entonces, eres un excelente líder"
~ Dolly Parton

Al comenzar tu viaje como próxima líder femenina, aprecia que ya has comenzado a inspirar a otros y a construir tu legado. Por lo tanto, tu misión es hacerlo de forma continua y consistente.

¿Recuerdas que al principio de este libro te dije que el fracaso no es una opción conmigo a tu lado?

Pues bien, si sigues estas 21 estrategias, el fracaso NO es una opción, porque ya estás preparada para convertirte en una líder impulsada por objetivos, con visión de futuro y orientada a la acción, y es el momento de actuar ahora mismo...

1. Dirígete al test de estilo de liderazgo. Descubre tu estilo de liderazgo y tus cualidades ¡para que puedas convertirte en la líder que estás destinada a ser!
2. Utiliza las plantillas de la sección IV para empezar a liderar con determinación, confianza y entusiasmo. ¡Prepárate para formar a la próxima generación de líderes!

Ahora que ya has leído este libro, recuerda dejar tu reseña honesta en Amazon. Sólo tienes que entrar en tu cuenta de Amazon y pulsar "Pedidos", hacer clic en este libro y elegir "Dejar una reseña". Ayudarás a otras increíbles gerentas a elegir este libro y a llevar sus habilidades de liderazgo al siguiente nivel. Como último regalo de despedida, quería dejarte este poema para que te inspire a volar más alto de lo que jamás imaginaste.

(Este poema ha sido ligeramente modificado para adaptarlo al público femenino)

La Mujer Que Cree Que Puede

Si crees que estás vencida, lo estás
Si crees que no te atreves, no lo harás,
Si te gusta ganar, pero crees que no puedes hacerlo
Es casi seguro que no podrás
Si crees que vas a perder, estás perdida
Basta con mirar alrededor para encontrar,
Que el éxito comienza con la voluntad de una
Todo está en tu mente.
Si crees que te superarán, lo harán
Tienes que pensar alto para elevarte
Tienes que estar segura de ti misma para poder ganar.
Las batallas de la vida no siempre son ganadas por la
mujer más fuerte o la más rápida,
Pero tarde o temprano la mujer que gana
es la que cree que puede hacerlo.

~ Walter D. Wintle

(Ligeramente modificado por Karina G. Sánchez)

¡Ya estás lista para comenzar tu viaje!

RECUERDA OBTENER TU COPIA GRATIS

Dentro de esta guía increíblemente detallada, descubrirás:

- 7+ técnicas reflexivas para encontrar su nicho en solo 5 minutos

- 10 formas en que tus miedos pueden estar matando tus objetivos y cómo puedes superarlos
- Las 10 razones principales por las que puede ser víctima del miedo al fracaso, además de consejos efectivos para detenerlos en seco
- Consejos simples y efectivos sobre cómo poner sus finanzas en orden, además de una hoja de cálculo de presupuesto de muestra para una ventaja rápida

... y mucho más.

FORME PARTE DE NUESTRO GRUPO PRIVADO DE FACEBOOK

―――

cámara de su celular.

Si aún no te has unido a nuestro increíble grupo privado de Facebook de mujeres que están comenzando sus negocios o que ya son emprendedoras, te invito a unirte a nosotros. *Escanee el código QR a continuación con la*

ACERCA DEL AUTOR

En los últimos 20 años, he ayudado a innumerables líderes femeninas a superar el síndrome del impostor, lo que les impedía conseguir resultados increíbles, tanto para ellas como para sus equipos.

Mi energía y mi pasión han provocado un cambio positivo tanto en equipos grandes como pequeños. Tengo una habilidad única para abrir las mentes a nuevas e innovadoras formas de pensar. He vivido y trabajado a nivel internacional como consultora en las industrias minorista, farmacéutica y financiera, por nombrar algunas. He impartido conferencias magistrales en polaco, español, portugués e inglés.

- instagram.com/karina.g.sanchez
- linkedin.com/in/karina-g-sanchez-0b446216
- tiktok.com/@karinag.sanchez
- youtube.com/@karinagsanchez

DE LA AUTORA

Muchas gracias por leer *"Liderazgo Para Las Nuevas Gerentas"*. Por favor, recuerda escribir una breve reseña en Amazon o donde hayas comprado este libro. Agradezco todos los comentarios, tu reseña ayudará a otros lectores a decidirse a leer este libro.

¿Estás interesada en mantenerte en contacto para conocer alguno de mis futuros libros o proyectos? ¿Te gustaría tener la oportunidad de trabajar conmigo directamente en un programa de coaching personalizado?

Ponte en contacto conmigo en www. CorporateToFreelancer.com

REFERENCIAS

Capitulo 1

- https://www.investorsinpeople.com/knowledge/swot-analysis-understand-yourself-others/
- http://middlemanaged.com/2020/03/07/creating-a-swot-analysis-on-your-own-leadership-skills-and- abilities/

Capitulo 2

- https://smallbusinessify.com/the-importance-of-self-confidence-in-leadership/
- https://www.pragmaticinstitute.com/resources/articles/product/12-ways-to-develop-leadership-confidence/

- https://www.benchmarkone.com/blog/9-leadership-exercises-to-help-your-confidence/

Capitulo 3

- https://medium.com/@betsyallenmanning/3-proven-strategies-to-gain-credibility-respect-and-influence-as-a-new-leader-4dd7c8713172
- https://blog.hubspot.com/marketing/build-credibility-new-leader
- https://www.indeed.com/career-advice/career-development/types-of-power-in-leadership

Capitulo 4

- https://www.prileadership.com/news/2019/3/17/speak-up-how-to-gain-visibility-for-yourself-amp-support-visibility-for-others
- https://www.prileadership.com/news/2019/4/2/speak-up-practice
- https://www.prileadership.com/news/2019/4/3/speak-up-present-article-3-in-series

Capitulo 5

- https://www.blackenterprise.com/5-ways-young-leaders-can-gain-respect-and-influence/

Capitulo 6

- https://www.insperity.com/blog/how-to-be-a-confident-boss-without-sounding-like-a-jerk/

Capitulo 7

- https://mindfulambition.net/power-of-perception/
- https://www.usmcu.edu/Portals/218/Leaders%20How%20Do%20You%20Manage%20Perception.pdf
- https://www.vantageleadership.com/our-blog/others-perception-reality-change/

Capitulo 8

- http://www.nwlink.com/~donclark/leader/leadhb.html

Capitulo 9

- https://www.elevatecorporatetraining.com.au/2019/04/09/7-strategies-good-leaders-can-use-to-give-feedback/

Capitulo 10

- https://www.skillcast.com/blog/8-steps-authentic-leadership

- https://www.forbes.com/sites/
forbescoachescouncil/2018/03/13/seven-
ways-to-develop-your-authentic-leadership-
style/?sh=24c396c069e6

Capitulo 11

- https://marketinginsidergroup.com/
marketing-strategy/help-your-employees-
feel-safe-and-unleash-the-power-of-
employee-activation/

Capitulo 12

- https://blog.smarp.com/10-ways-to-foster-
upward-communication-in-the-workplace
- https://www.ckju.net/en/dossier/
challenges-and-enablers-upward-
communication-how-foster-speak-culture-
your-organization/1256
- https://blog.smarp.com/10-ways-to-foster-
upward-communication-in-the-workplace

Capitulo 13

- https://www.eaglesflight.com/blog/the-
importance-of-delegation-for-leadership

- https://hbr.org/2017/10/to-be-a-great-
leader-you-have-to-learn-how-to-delegate-
well

Capitulo 14

- https://www.quantumworkplace.com/employee-recognition
- https://neilpatel.com/blog/employee-spotlights/
- https://www.quantumworkplace.com/employee-recognition

Capitulo 15

- https://www.ellevatenetwork.com/articles/7542-11-steps-to-creating-a-shared-vision-for-your-team

Capitulo 16

- https://getlighthouse.com/blog/managing-a-new-team/
- https://www.forbes.com/sites/forbeshumanresourcescouncil/2018/03/05/10-simple-ways-to-get-to-know-your-employees-better/?sh=730a3df44b97

Capitulo 17

- https://www.forbes.com/sites/forbescoachescouncil/2016/09/14/13-ways-leaders-can-better-understand-the-unique-strengths-of-their-team-members/?sh=6f0cb3232a51

- https://high5test.com/team-strengths/

Capitulo 18

- https://www.thoughtfulleader.com/roles-and-responsibilities/
- https://www.indeed.com/career-advice/career-development/team-roles-and-responsibilities

Capitulo 19

- https://www.quantumworkplace.com/future-of-work/how-to-align-organizational-goals
- https://www.bizjournals.com/houston/blog/2014/12/5-methods-to-align-company-and-personal-goals.html

Capitulo 20

- The Leader as Coach (hbr.org)

Capitulo 21

- https://www.ccl.org/articles/leading-effectively-articles/build-trust-in-the-workplace/
- https://www.achievers.com/blog/building-trust-workplace/

Capitulo 22

- https://www.indeed.com/career-advice/career-development/10-common-leadership-styles

Capitulo 23

- https://www.thebalancecareers.com/coaching-questions-for-managers-2275913

Capitulo 24

- https://www.businessnewsdaily.com/9451-clear-employee-expectations.html

Capitulo 25

- https://www.indeed.com/hire/c/info/individual-development-plan-examples

Capitulo 26

- https://www.valamis.com/hub/performance-improvement-plan

Image Credits
Capitulo 20

- https://hbr.org/2019/11/the-leader-as-coach